一期
一會
ICHIGO-ICHIE
El arte japonés de
vivir momentos inolvidables

推薦序

追求生命之味的日本藝術

一本好書往往可以帶給讀者莫大的啟發，甚至能引領人生的方向。本書包含的素材多元，但卻很融貫；因其多元故能廣博，因其融貫故能深入。質言之，本書是透過日常生活的點滴儀式，以淬鍊出人生的智慧，整部作品涉及到潛藏於日本文化底層的日本精神。

這種關乎文化精神的事，實無法透過西方學術思想的分析來予以把握，這確切需要跟著文本亦步亦趨的隨行交心，才得以領悟；換言之，讀者只能由文本自己來告訴我們其自身之本質。本書除了介紹一些頗富寓意的場景、敘事或各種人間表象外，亦將引領我們進到富含特定文化特色之形上境域。

這是一本深入淺出的作品，尤其又帶有濃濃的日本味，靜靜的賞析，將有如進入一場富含日本精神的文化之旅。基於以上說明，我極力推薦此書給讀者，特別是年輕的讀者。本書是由陳兆偉老師來翻譯的。我與陳老師是多年的好友，多年以來，他一直都很關注日本文化，閱讀很多相關著作，這使得本書之翻譯非但極其道地且亦非常適切，實乃讀者之幸。

前國立中央大學文學院副院長 李凱恩
於國立中央大學哲學研究所

目次

第一部 無常之美

第二部 生活中的一期一會

第三部 一期一會的小學校

—譯者前言—

從尋常中醞釀出生命力

獨特的櫻花精神與意氣情懷

昭和史通俗作家半藤一利，在一九四五年春天，沖繩保衛戰大和號戰艦執行海上自殺式任務時寫到：「櫻花燦爛的季節裡，在花瓣紛飛散落中，大和號踏上不歸路。」（《昭和史》，第一部（下），玉山社，二〇一〇）

大歷史專家黃仁宇回憶一九四九年他在日本擔任中國駐日代表團副官時，所參加的一場看似平常卻發人深省的活動：「世人自然而然會站在勝利者的一邊，不去理會失敗者，即使到了一九四九年，這樣的勢力仍盛行於日本。有一次代表團收到日本童子軍全國協會的邀請，到日比谷公園參觀童子軍全國大會。我們被安排到二位日本紳士的旁邊，正如我次日向朱世明將軍報告的，他們穿著『急需乾洗的燕尾服』。後來我才知道，那二位衣著陳舊卻正式的紳士，是松平康昌侯爵和幣原喜重男男爵。不過我得說明，他們看起來窮困落魄卻不失尊嚴。」（《黃河青山，黃仁宇回憶錄》，聯經出版公司，二〇〇一）

日本文化有一特殊之處，那就是他們的審美觀及生命觀，是表現在尋常生活中，而且比較難用語言來表達，這與西方文化強調概念及分析有很大的不同，前述二個例子就是明證。

幣原喜重男所展現的，以日本人角度而言，就是充分反映了「粹」中的「意氣」。源自於庶民社會中，由理想主義所帶來的一種強勢心情，「武士即使沒飯吃也要叼根牙籤」。日語也可寫成「張りのある」，意指自尊、固執及逞強，也可解釋為自尊的抵抗。（《粹的構造》，九鬼周造著，黃錦容譯，聯經出版公司，二〇〇九）

成長於戰爭世代，後來流亡日本的王育德，在他的書上就曾指出「老一輩的日本人，仍保有人生感意氣情懷。」（《苦悶的台灣》，王育德，玉山社，二〇一五）

至於櫻花精神，究其實乃發端於日本人的宗教人生觀。擁有濃厚自然主義傾向並受到佛教影響，「萬物無常」深植於日本人心中。感嘆時光稍縱即逝，卻不忍如櫻花者的美好事物短時間內消失，於是產生想抓住「瞬間美」的意識。

這種心態散見於生活周遭，例如日式舞蹈，能樂演員絕不會讓雙腳同時離開地面，他們不會跳躍。相較之下，芭蕾舞者一邊連續跳躍，一邊在大舞台上繞圈子，而能劇舞者則緩緩在小小舞台上繞圈子，在繞完一圈後再繞下一圈之前，常常插入靜止的瞬間。

繼承能樂的歌舞伎亦如此，以特定動作活動手腳、揮動武器及翻跟斗，途中演員多次「亮相」，這裡是指靜止的姿勢，常常是正面面對觀眾，擺出好看的姿勢。此時不只是運動的單純休止，而是運動所準備的感情達到了高潮。（《日本文化中的時間和空間》，加藤周一，岩波書店，二〇〇七）

＊　＊　＊

日裔美籍學者大貫惠美子，嘗試用社會學方式理解二戰期間，出身名校的年輕神風特攻隊員心境。（《被扭曲的櫻花：美的意識與軍國主義》，大貫惠美子，聯經出版公司，二〇一四）

不幸的是讀者仍是一頭霧水。應該這樣解釋——在面對生死之際，體會生命「無常」，為自己認為正確的理由（或許是為國盡忠），勇敢且高潔犧牲自己才是生命價值所在，就如同櫻花那樣美好，儘管瞬間即逝。

換言之，日本文化的氛圍滲透在潛意識生活中的各個層面。在諸多為人所知的古典美學概念中更是如此。以物哀為例，它不只是對眼前事物觸發的感嘆，也被引申是一種對人生的厭世悲觀的情緒，最後更具有優雅美麗之意。

當然它可以透過文學創作來表達，西行法師吟詠物哀的和歌非常有名：秋天薄暮之際，水鳥突然飛離沼澤，在寂靜秋空中觸動了感慨之情。（《物哀》，大西克禮，遠足文化出版，二〇一八）

事實上，一般人看多了這些和歌俳句，可能仍無法體會諸如物哀等的古典美學概念，尤其是外國人。即使具相似文化背景的中文讀者，當他們在閱讀西行大師的創作時，還是會有隔靴搔癢之感。

過有知覺的生活

早在上個世紀九鬼周造及鈴木大拙等人，就提出正確解讀日本文化的方法。他們是藉由比較日本與西方文化差異的方式，凸顯日本文化的特性。沒錯，生命以及事物的究極真理，日本人認為無法用西方式的概念，而必須用直覺來掌握。何謂直覺？簡單說就是在實際生活中理解道理，即親身體驗真理。

賈西亞及米拉萊斯（Hector Garcia & Francesc Miralles）這本《一期一會》，就充分的展現這個特色。例如其中一節也講到苦與物哀。一般解釋佛教的苦諦大多引用佛經，最後卻是令人丈二金剛摸不著頭緒，賈西亞的例證要言不煩，最重要的是「生活化」。

他說一般人解讀苦是受苦，但這是很大的誤解，較精確的翻譯應是因為大家都知道世事多變化實屬必然，是故每個人內心或多或少都存在著焦慮感、不滿足感。特別注意，賈西亞此書並不是在介紹日本所有美學概念，它的主題是一期一會，而苦與物哀和一期一會關係匪淺。

那麼一期一會又是什麼呢？同樣的，人們對一期一會情境的體會也是五花八門。如果我們依循「生活化」脈絡來理解，那就是活在當下。對此，賈西亞就用了我們一般人都會遇到的處境來說明。

假如有天你發現，你和某位好友的關係，不再像以前那麼親密，你會怎麼辦？有人可能會寫一封頗長的電郵要求見面，如此的話就能找出問題癥結所在，是你做錯事或對方出狀況；有人會覺得這沒什麼大不了，揣測對方必定壓力很大或有其他事讓他分心，只要時間正確，我們很快就會見面；有人會對對方疏忽不滿，最終是把對方踢到一邊，他們沒有回饋你的感情付出，他們不值得你去愛。

三個例子中第一個是活在未來，第三個例子是活在過去，而不言可喻，最健康理性的生活態度就是活在現在。沒錯，一期一會就是要活在此時此刻，而且更要享受此時此刻。認清生命中短暫的本質（即物哀）享受當下，賈西亞更舉斯多葛學派的邪惡預謀（premeditation maloram）理論，建議讀者專注思考當你失去心愛的人事物時的心境及因應。

斯多葛不是要探究悲傷，而是要提醒大家，要從中感謝你曾擁有的人事物。賈西亞說邪惡預謀可連結到現代心理學所謂的享樂適應性理論（hedonic trendmill），一旦我們的慾望被澆熄，不滿足感即油然而生。

假設我們習慣吃五十元早餐，一百元餐點應屬大餐了吧，但多年過後，當很多因素加總在一起我們習慣吃一百元早餐，不過你會發現，我們還是在抱怨一百元早餐。賈西亞主張一期一會就是斷絕此慾望輪迴，把握當下的友好面孔，快樂在於什麼都不想要，並讚賞生活提供給我們的一切人事物。

內容解構

賈西亞這本《一期一會》章節結構表面上看似離題，其實脈絡一致，所有論述均扣緊一期一會此主題，以下我們依其章節大略說明。

序幕：解釋何謂一期一會

第一部，無常之美

第一章，開花與盛開：藉著日本櫻花文化強調「現在此時此刻」的重要性。

第二章，你呢？你住在哪裡？但很多人受困於過去或擔心未來無法活在當下。

第三章，禪修：禪修在於達到沒有過去沒有未來感受到現在的境地，所以試試禪修活在當下吧。

第四章，苦與物哀：不要沉溺於過去及未來的痛苦漩渦中；愛戀即將失去某些事物的時刻，也就是感受物哀體現一期一會。

第五章，命運取決於一瞬間：不要忽視生活中的每一刻，它們都是一個機會，即使是巧合也都深具意義，它將我們拉回到一期一會；正面接受每一個機會所帶來的結果，甚至於給自己一個機會，讓命運決定一切。

第二部，生活中的一期一會

第一章，關注儀式：由日本茶道體會一期一會。日本茶室外觀毫不起眼，大小不及日本最小的住宅，建造茶室的所有材料短暫、脆弱、輕微、拙劣，但它讓我們「專注於當下」。在微小的日常生活中領略深遠的世界。

第二章，傾聽的藝術：據說茶人在聽到水沸聲時，就聯想到山上的松風，這是谷崎潤一郎說的（《陰翳禮贊》，谷崎潤一郎，上海譯文出版社，二〇一〇），與賈西亞強調的，好好的傾聽就是一場難忘的一期一會，有異曲同工之處。

第三章，看的藝術：同樣的，這裡我們引用鈴木大拙的話來說明賈西亞的論述——美術鑑賞家沉浸在美麗的作品中，既沒有自己也沒有作品的創作者，只有成為美本身的境界。（《禪與日本文化》，鈴木大拙，林輝鈞譯，遠足文化，二〇二〇）

第四章，觸摸的藝術：大西克禮在《侘寂》一書說茶道進行時，茶人會思考賓客握起茶碗時感受到的重量、溫度及觸感（《侘寂》，大西克禮，王向遠譯，遠足文化，二〇一九），是故賈西亞說一期一會在觸摸時達到最高潮，想想碰到好久不見的朋友，最激動的時刻，應該就是握住對方的手那一刻。

第五章，品嘗的藝術：專注品嘗藉以練習禪修進入沒有過去未來的時刻。

第六章，聞的藝術：「體會時光流逝，卻又關乎繾綣的回憶」是物哀的一種情境，也展現了一期一會的精髓。「聞」可以讓我們回到過去，九鬼周造就曾引用法國柏格森（Henri Bergson）的回憶錄，「一聞到薔薇的香氣，孩提模糊的回憶會隨即在我的記憶裡甦醒過來，這回憶絕對不是因為薔薇的香氣所引起的，是我在香氣本身當中嗅到回憶，那個香氣對我來說就是一切。」

第三部，一期一會的小學校

第一章，派對的藝術：如何在西方式的茶道及現代化生活中實現一期一會。

第二章，集體正念：學習如何練習專注力，以便與旁人相處。看待旁人好像每次相遇都是一期一會。

第三章，回到現在：本章旨在介紹一期一會與禪宗的關係。以禪宗角度而言，一旦現在此時此刻占據我們整個人，過去、未來及物質世界全成為幻影，如果是這樣，我們已然「明心見性」。

第四章，如果……不知怎樣：靜下來，思考一下你的人生。

第五章，一期一會方程式：結論。

幸福的起手式

曾被日本統治五十年的台灣在二戰結束後，迎來了包括中國元素在內的多元文化時代，這中間雖經統治者刻意抹殺，但不可否認的日本文化仍殘存於台灣社會。日本文化當然有很多面向，當中生活哲學綿延不墜，對現在台灣最具影響力，而究其實它亦可說是目前九十歲以上本省人須臾不曾忘懷的「日本精神」。

接觸這些受過日本小學甚至中學教育洗禮的老輩台灣人，認識日本人最深層的生命性格，會發現它與賈西亞這本《一期一會》所提內容，有千絲萬縷的關聯性。

從小學修身課強調金錢的齷齪、人生不當以賺錢為目的，到國語課聆聽日籍老師引用的日本諺語，在在充分反映日本人的生命觀。簡潔但很有味道的一句話「幸福はかみしめる」，幸福要緊緊咬住，不要一次用完，難道不就是在說世事難料，人們得隨時面對各種困境，是故要以認真的心情面對人生，珍惜手邊現有的幸福嗎？

當前台灣社會似乎有些虛浮，或許為人們找些有意義的生活指南，是解決問題的方法之一。期待讀者諸君能從此書中，找到心靈的庇護所。

日日有僧人細究法門，念誦複雜的經文。
不過在此之前，他們應該學會如何閱讀風雨雪月寄來的情書。

一休宗純　一三九四——一四八一

序幕

在一間古老茶室

那天午後，暴風雨正襲擊京都。在市中心仍保留藝伎文化的祇園街道中，狼狽不堪的我們必須找個避難所。那是一間茶室（茶靜津），由於傾盆大雨的關係，裡面空無一人。

坐在靠窗戶的一張矮桌旁，我們注意到傾瀉而下的雨水，正肆虐窄街中一株盛開的櫻花樹。

春天已逝，夏季正悄悄接近，振奮日本人心靈的白色花瓣，即將散落殆盡。

一位穿著和服的年長女侍來點餐，我們相中最特別的菜色——來自九州嬉野的九郎（gyokuro），據說它是南日本最好的茶葉。

在等待中，大夥利用時間，彼此分享對這座日本古老首都的印象。眾人對這個被山丘環繞的城市，竟然有二百間佛寺感到驚訝，它的人口甚至比賓州還少。

然後我們靜靜的聽著，下在街道鵝卵石上的雨聲。

當女侍端著茶盤回來時，濃郁的香氣將沉浸在短暫愉悅氛圍下的我們喚醒過來。在啜飲第一口茶前，我們先被清澄明亮的茶色吸引，入口滋味則是苦澀中略帶甜味。

就在那一刻，一位手握雨傘騎著單車的小女孩途經這間老茶室，她帶著靦腆的笑容經過大家的面前，隨即消失在狹窄的街弄中。

這使得我們每一個人不約而同的抬頭，結果發現在一深棕色的柱子上掛著一塊匾額，題詞是「一期一會」。

一期一會

一陣涼濕的風搖響懸掛在屋簷上的小風鈴，提醒我們得試著去了解這個詞彙。「一期一會」的意思，有點類似「我們現在所經歷的事不會再來一遍」，所以我們必須珍惜每一刻，它們都是一串串的珍寶。

這個解釋恰如其分為我們今天下午在古城京都遭逢的情景作出完美註腳。

我們開始討論這種或許是因為我們太執著於過去、未來或是忽略現在的個別孤立時刻。

外面仍在下雨，一個背著背包的學生走在街道上，他正撥弄他的手機。這畫面為「忽略現在」提供了一個清晰的例證，不由得令人想起梭羅的話：「彷彿你大可消磨時間而不必斬害永恒」。

那個春天午後，就像靈光乍現般，我們體悟了某些道理。這種深沉思考持續了好幾個月。在我們這個「完全分心」與「及時行樂」的時代，大家老是無法傾聽，只在意周遭表面的事物，其實每個人仍保有一個可以打開心扉門窗、與他人和諧共處及熱愛生命的鑰匙。

這個鑰匙就是一期一會。

我們將在接下來的章節分享一個獨特及變革性的經驗，帶領大家如何從生活中發現每一個最美好的時刻。

一期一會

構成本書主軸的這個日本人精神特性，並不存在於西方世界，換言之，英語並沒有類似一期一會的同義字，所以我們得另闢蹊徑。下面我們將專注二個方向幫助釐清它的定義。

一期一會可以被翻譯為「曾經，一次相會」，也可以被解釋成「在這一刻，一次機會」。綜合來說，它的意思可以是「每一次的相會及我們經歷的每一件事，都是獨一無二值得珍視，它絕不會以同一模式再現。所以假使我們不好好品味享受讓其溜走，美好時刻永不再來」。

一期一會

意思是

一期（時間）／（時段）

一會（相會）／（機會）

香格里拉之門

其實某個西藏傳說可以很清楚的闡明何謂一期一會。故事是說一位獵人正越過喜馬拉雅山雪峰獵捕一隻麋鹿，當他來到分裂為二座大山的岔口時，特殊地形讓他可看清二邊的狀況。

在山口旁邊，獵人大吃一驚，因為一位留著長鬍鬚的老人向他打招呼。

獵人遵命前去，他凝視前面垂直的裂縫發現它剛好可讓一位成人通過，結果眼前所見讓他驚嚇到喘不過氣來。

獵人看到的是一座沐浴在陽光下的豐裕花園，小孩在結滿果實的樹中開心的玩耍，動物亦然。花園是如此美麗、寧靜及富庶，而且看起來似乎永遠會持續下去。

老人看出獵人的驚嚇，於是問他「你喜歡你所看到的這一切嗎？」

「當然，我喜歡……這裡必定是天堂。」

「沒錯，這裡的確是天堂，而你就真的找到了。進來吧，從此以後你可以在此快樂的生活。」

滿心喜悅的，獵人回答「當然，但首先我得去找我的兄弟們及朋友，我會和他們儘速返回。」

「希望如你所願，但請記住，香格里拉之門一生中只開一次。」老人皺著眉頭警告他。

「不會很久啦！」在離開前獵人如此回答。

仍倘佯在他剛經歷的情境中，獵人循著他先前走過的路，越過山谷、河流及丘陵，回到他的村莊，馬上把他所見所聞告訴他的二個兄弟及三個兒時玩伴。

眾人在獵人的指揮下，踏著輕快的步伐出發。在太陽沉降在地平線之前，大夥已抵達通往香格里拉的高山。

但山路已封閉，看起來似乎永不會再開啟。

這個發現美好新世界的獵人，其餘生仍過著狩獵生活。

時不再來

一期一會的第一部分一期源自佛經，指的是人從出生到死亡此一過程。而如前述所引西藏傳說，生命中的機會和相遇，是現在此刻提供給你的，假設你無法及時抓住，時機稍縱即逝。

俗話說的好，你只能活一次。每一個獨一、無法重來的時刻就是香格里拉之門，永遠不會有第二次機會讓你走進去。

作為一個人，我們全都明白這個道理，不過當我們讓自己陷入日常煩惱及職業漩渦中時，我們實在太容易忘記它的存在。

了解一期一會可幫助我們擺脫困境，讓我們記住我們所度過的每一個早晨，我們與孩子及摯愛的人相處的每一刻都是無價的，值得全心投入。

事情再明白不過，首先且是最重要的就是我們不知道生命何時結束。每一天有可能是我們的最後一天，當你要睡覺時，沒有一個人可以打包票隔天早上你確定可以再次睜開眼睛。

西班牙有座修道院，據說每當修士在通道相遇時，彼此都會說「兄弟，記住有天你將會死去。」這個習慣將他們置於「永恒的現在」的情境中，它絕不會讓他們感到悲傷、憂鬱，反而可激勵他們享受生命中的每一刻。

就如同羅馬皇帝奧理略（Marcus Aurelius）在《冥思錄》所寫的「一個人應該害怕的不是死亡，他應該害怕他從未開始生活」。

一期一會就是對「時光一去不回」的明確回應，既然我們總想多活幾年，那就應該體會任何相會都具獨一無二的本質，永不會再來一次。

或許我們會在相同地方再次碰到相同的人，但我們會老去，我們的狀況我們的幽默都已明顯不同，我們可能有另外的負擔，也可能有了不同的人生經歷。時光易逝、萬物無常，我們人也是一樣，沒有一件事會以相同模式再次發生。

名稱的由來

一期一會首次以書面方式問世是在一五八八年，作者是山下宗二，當時他是說：「認真對待你的訪客，好像會面只在你生命中發生一次。」

拋開日文字面上的翻譯，或許下面此短語更可貼切表達此中意涵：「以一期一會面對你的訪客。」

山本宗二總結的這段短言，其實是源自千利休大師指導的茶道儀式，後者被認為是

「侘茶」（wabi-cha）茶道的始祖，那是一種強調極簡約的思想模式。

而為了更加準確的抓住這個概念，宗二求助於古老的日本諺語，他借用了一期一度這個詞彙，這與一期一會十分雷同，但最後一字有所區別，「度」者指的是「時間」而非「相會」。

變化是重要的，因為它讓我們了解到茶道儀式上每一刻的獨特性質——而為了能理解它的哲學深度，我們將會花一整章篇幅討論之。

✽就是現在

每一次的茶會都應被高度重視，因為它就是一期一會。換言之，那就是一次、及時的及獨一無二的相會。即使主人與訪客每天都見面，見面也不能次次相同，每一次面會都有其獨特的味道。

假如我們能體會每一時刻的非凡內容，我們即可意識每次相會就是一生一次的難得機遇。

所以茶會主人應該展現真誠，並極盡所能注意每一個細節，確定每一道流程都能順暢的運作。

客人方面則必須了解這次茶會是獨一的，同樣場景不可能重現，是故他們需要細細品嘗由主人準備的每一道環節，當然，他們也得全心全意投入。

上述所言可用一期一會來表達。

——引自《茶湯一會集》，井伊直弼，德川幕府時代大名，一八五八。

一期一會的現時用法

沒有了古時茶道氛圍，現在的日本人在二個情境上利用一期一會表達自身感受：

1. 與陌生人的邂逅。
2. 與熟人相會，而強調每個場合都是獨一無二的。

舉個例子，想像一下你在京都迷路，當然得尋求幫忙，結果搞了十分鐘，原來那位路人碰巧在美國已待了一陣子。分開時，一期一會其實就是道別的一種絕佳方式，藉由這句話，你讓人們知道這是一次以後不可能重現令人愉悅的相會。

第二種情境比較接近前面我們提到的茶道儀式。那是與經常見面的朋友相聚的場合，儘管如此，仍凸顯大家相會亦是獨一特殊的。大夥仍如常生活，每一個人仍在成長並隨著時間推移有所轉變，就好像赫拉克利特（Heraclitus）所說的：「沒人能在同一條河中立足二次，因為它不是同一條河，而他也不是同一個人。」

不管哪種用法，其重點都是在表達對人生共同時刻的感激與品味。同時它亦隱含某種懷舊的情懷，類似我們先前提到的僧侶儀式，它提醒我們，人生，你所擁有的時光，有如電光火石轉瞬即逝。一期一會讓我們領悟到每一刻可能就是你人生的最後一刻。

打獵時刻

這本書的目的，不只是要向讀者引介日本文化中，有關一期一會的諸多迷人面貌，同時也想幫助你去創造及體驗眾多無法忘懷的時刻，不管是你自己或與其他人。

你將會在接下來的章節中發現，你嘗試去抓住或你正在體驗的一期一會，將讓你不再懊惱過往歲月、不再對未來忐忑不安，進而享受更快樂更豐富的人生，你將更充實的活在當下，體驗及欣賞每一個時光。

到這個共同旅程結束之際，我們將成為特殊時刻的獵人，我們會知道如何捕獲所有正在進行中的時光，品嘗這些獨一無二、一生只有一次經歷的時刻。

有部卡通，史努比和查理布朗，坐在一座湖泊的碼頭邊，展開如下對話：

「有天，我們全都會死，史努比！」

「的確，但其他的日子，我們不會。」

第二句話沒有幽默的意思，我們確實不知道何時會離開這個世界——就是如此——我們可以做的，就是怎樣利用「這些其他的時光，這些我們活著的時光」，而這些時光，是由無數個或是讓它就這樣溜走，或是使它永難忘懷的相會及每一刻構成。

上述說法讓我們想起李察．林克雷特（Richard Linklater）執導的史詩電影《少年時代》（Boyhood）的片尾。這部片子李察斷斷續續拍了十二年，演員都是同一批人，所以觀眾可透過導演的眼睛，看到流逝的時光。在這一百六十五分鐘的電影裡，我們看著麥森（Mason）——他在片頭一開始，是一位雙親離異六歲的小男生——成長並經歷一串事故，直到他上了大學。

在交代完麥森克服了諸多難關後，電影也進入尾聲，結束的場景是麥森將與一群大學同黨展開遠足旅行，此時的麥森已然是一位有智識且敏感的年輕人。他與一位女孩欣賞夕陽，我們猜想她應在麥森未來人生中扮演重要腳色。

「你知道為何人們老是喜歡說『把握當下』嗎？」女孩很興奮的說著，「我不知道，但我認為我們應該反過來思考，妳知道，應該是說時間掌控我們。」

這個場景曾被廣泛的討論，其實它與一期一會最有關聯。

就好像孕婦可以知道體內胎兒活動的每個環節，一旦我們成為時光獵人，也會明白所有事情最終都是獨一無二的、崇高的，因為我們有幸知道我們當下所經歷的永不會重現。

第一部

無常之美

第一章

開花和盛開

熟悉日本的人都知道，這個日出之國一年當中最美麗的季節，是春天櫻花盛開之時。

沖繩是日本惟一亞熱帶轄區，我們在那裡進行「生命的意義」的研究，當時是一月，當地櫻花已盛開。在日本其他城市，櫻花普遍在三月下旬至四月中旬開花，北海道則延至五月。

每一年，日本人敏銳的根據「櫻花預報」了解何時櫻花季開始。這個深受日本人珍愛的活動，不只是因為櫻花本身非常漂亮，也是因為它是日本文化的重要象徵，我們會在本章結尾討論這事。眾所周知，櫻花季是由南到北依序展開，它已成為全民參與的自然節慶（nature festival），而每個城市都有一棵特別的櫻花樹以此來宣告櫻花季的開始。

全日本一共有九十六株特別樹。以京都為例，她的特別樹是位在市役所（市政府）氣象廳的花園裡。初春時，每個清晨廳內員工都會觀察花苞是否已開，開花那天消息立即傳遍全國。

花見

當開花預報，日本所謂的櫻前線，如實呈現時，日本人立刻蜂擁至公園參與花見儀式，花見意指賞花。

假如你在這段時間造訪公園或花園，會看到櫻花樹下整群的上班族、一家人一起散步，情侶以櫻花為背景彼此拍照。

這個為慶賀自然及生命復甦——以及希望——的活動擁有悠久的歷史，甚至可追溯到第三世紀。

太陽下山後，慶典換以夜櫻形式（yozakura，即晚上的櫻花）持續下去。黃昏時，掛在樹上的傳統燈籠被點亮，讓公園（或花園）宛如卡通吉卜力般瀰漫著神奇的氣氛。一票票的朋友或情侶坐在櫻花樹下，一邊吃零食一邊啜飲清酒，享受這夜晚的時光。毫無疑問，這就是一期一會，因為在幾個月後櫻花就掉光，他們得再等一年才能有此情境——這是指幸運的話他們還在。

櫻花見證了生命中最美好的事物有如電光火石。

正式展開櫻花祭是以「開花」為起點，開花原意指的是最早的花苞。花朵全開是在一個星期後，此指的是「盛開」（日文是滿開），意思是「櫻花全開的確切時刻」。

再一個星期後，花瓣開始掉落，不過有可能提早，例如刮風或下雨，就像我們在京都碰到的那樣。

日本人也很在意落花時刻，他們甚至創造一個字「花吹雪」（はなふぶき）來形容櫻花落花繽紛的情境。日本人認為落花代表了無常的美，那是一種崇高時刻。

花開的魔力

諾貝爾文學獎得主大江健三郎的重度殘障兒子大江光，與父母漫步公園時，開始傾聽進而模仿鳥鳴，他發現了音樂的美妙。

這就是典型花開時刻，也就是某些莫名的事物跟著我們一起綻放。

一旦蹦出新的熱情就會綻放某種魔力，雖然它經常出現在不具魔力的地方。例如，丹布朗說他從未想過寫書，直到他接觸到留在渡假飯店游泳池吊床上的某本書。

他與太太繼續展開背包之旅，有時會相當無聊，還好他這本由西爾頓（Sidney Sheldon）寫的小說《末日陰謀》（The Doomsday Conspiracy）救了他的假期。

他一回到家就決定他也要寫一本驚悚小說，而且立刻進行。一年後，像「開花」似的擁有魔力，《達文西密碼》成了世界級暢銷書，並讓他成了百萬富翁。

在我們戀愛時，一種強烈的存在感也可以以「花開」來表達，就像櫻花花開宣告春天的到來一樣，在愛情突然將我們沖的站不住腳之前，有些甚至不曾在我們生活中占有一席之地的人，卻成了我們生活的重心。

在愛情神奇領域裡，花開最能展現意外的效果，那麼到底是什麼讓我們陷入熱戀？在一個全新世界展現在我們面前之際，我們會問什麼才是最難忘的一刻？我想答案應是：

- 「第一次我聽到他的聲音，我覺得我無法呼吸。」

・「她的眼睛，登時很羞但極具穿透性，讓我想知道她的內心是什麼？」

・「我愛上了他，解決了我剛搞出的一團糟窘境。」

你不覺得上述所言類似一期一會的時刻，都是獨一無二的嗎？假如我們知道如何擄獲它珍視它，必能為人生增添色彩。

盛開方程式

櫻花開花後變化很快，大夥接下來就是期待盛開，其目的是要確定，在我們內心深處醞釀的感覺已然成熟，並能充分發揮其潛力。盛開意味著：

・戀愛的人決定走進愛情花園，不管是好天或壞天，在落花之前。

・有企圖心的作家，在創作靈感乍現之後，馬上擬定每日進程表直到書籍殺青為止。

・不願創造力量曇花一現的企業家，不斷的尋找方法改良與創新。

想要將一個原初構想和使命，轉換成我們熟悉的領域，需要馬拉松式的淬鍊。我們經常聽到麥爾坎・葛拉威爾（Malcolm Gladwell）有關從開花到盛開的一萬個小時的進展規則。

在他那本《異數》（Outliers）書中，葛拉威爾以他的方式論證了為何「一萬個小時是神奇偉大數字」，他引用了下列幾個例證：

- 比爾·蓋茲在就讀西雅圖中學十幾歲年紀時，即已萌發他的設計創意。一萬個小時後，全世界的資訊科技發展與他原初發想不謀而合。
- 披頭四在德國漢堡市夜店，做了一萬個小時的表演，他們每天演唱八個小時，在回英國前，〈請取悅我〉（love me do）已成暢銷歌曲。

葛拉威爾的結論是光靠天賦是不夠的；天賦要能發揮需要大量的努力配合。

✽鑄劍工匠

日本人對細節的關心和細心，可見諸所有類型的訓練，最有名的例子當數寄屋橋次郎的壽司料理店，儘管它只是窩在地下鐵銀座站的一隅，但已被公認為世界級餐廳。掌門人的兒子在他能夠做出像樣的玉子（tamago，一種日式煎蛋捲）前必須先練習數十年。

日本有很多技藝和傳統無法經由學校學習，知識的傳承乃透過師徒制，其中製造武士刀者乃個中翹楚。

日本現在仍有三百名鑄劍工匠，但只剩三十名靠此維生。有學徒跟著這些師傅，這使得此技藝能持續維持下去。

你無法透過一本書或選一門課來學習鑄劍，要獲得此技藝，你必須在這三十名師傅底下熬上十年時間——它甚至比你取得大學學位更花時間。

鍛造一把好的武士刀為何需要如此吃力？拋開細節不論，煉鐵或鋼的過程與料理一份精緻玉子一樣複雜，甚至有過之而無不及。

鋼最珍貴的特質之一是其低含碳量，它保證了鋼的品質。最好的日本刀刃其碳含量少至1％，不超過1.2％。這麼低的含量很不容易達到，一旦刀刃在高溫二千二百～二千八百度的火中焠鍊三天，師傅就可依其經驗判斷是否達成目標。

傳統的日本刀象徵力量、毅力及簡潔，因為沒有任何裝飾，用心找到最佳

> 材料接著用鐵鎚敲打到最大密度層次。
>
> 鑄劍匠的生涯課程，在日本被視為是國寶，其意義在汰除多餘以達到最精粹的本質——那就是美與力之所在，為達此目的惟有依賴恒心與毅力。

有些人，包括《情商》（Emotional intelligence）的作者高爾曼（Daniel Goleman），認為「堅持」不是品質保證，有些領域還是需要天賦。對此，葛拉威爾的回應是：「很多人對我在《異數》提到的一萬小時規則感到困惑，他們說這不適用於運動領域，練習不是成功的充分條件，我有多年下棋資歷但我從不是箇中好手。不過我得說天賦能力仍須付出巨額時間成本才能彰顯成功。」

上述方程式用日語來表達，第一部分就是「生きがい」：找出我們所熱衷且容易到手的事情。

一旦確認了我們的使命，接下來就是「開花」，有時候這會是最困難的時刻：將旁人的期待擱置一旁，騰出空間給自己的熱情，讓我們覺得自己的開花時刻已到。

第三件事就是停留在既定道路上，有耐心不放棄夢想直到櫻花盛開。

總而言之，**方程式：生きがい＋開花＋時間＝盛開。**

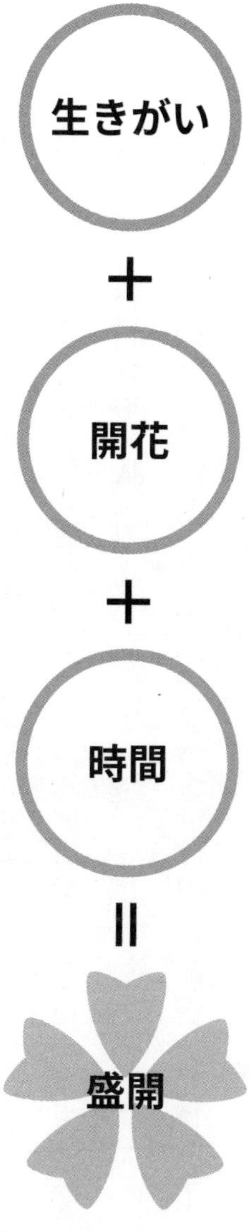

不要掩蓋你的過人之處，把它列為第一優先，以熱情堅持下去，帶給自己及旁人快樂。

花朵綻放永不嫌晚

當我們想到「發端」「發展某些新事物」時，浮現在腦海中的就是整個人生都在等著你的年輕人。但這說法絕對是偏見，我們全都有能力觸發開端，無涉年紀大小。

即使是一位上了年紀的人，也能決定勾銷往事重新形塑自我，因為他們仍擁有恆亙在他們面前的整個人生。重點不是餘生還有多少而是如何利用時間。

在日本，人們常在正式職場生涯結束之後再重新出發。人們窮其一生於工作上，奉獻給公司，當然也為自己生活負責。退休後就像電影《星際大戰》的絕地武士，只要他們仍有原力（force），不管有多年老仍努力於未竟之業。

這就是為什麼我們常常在日本小車站，看到八十歲以上的老導遊，他們志願為旅客服務，介紹當地景點並協助安排旅遊行程。

例如，旅客在湯田中站下車，一個知名的溫泉勝地，也是造訪長野猴子雪中泡湯的起點，迎接他們的是魅力十足的年老導遊們。老人家很高興有機會與來自全世界的遊客互動，並以此增進他們的英語會話能力。

就像我們在《生きがい》這本書所學到的沖繩長壽大師啟示，放膽做你想做的事，每天都是生命中最棒的一天。

二個大器晚成的例子

大器晚成這個詞彙，常用來形容那些在晚年時發現他的天賦，或是發現指導他生命的「生きがい」的人。

無視一般所認知的智商，在年輕階段達到最高峰，且隨著年齡漸長遞減，大器晚成者從不停止進步及創新，經常利用他們原有智慧再邁出一步迎接新挑戰。

以下有二個例子見證不受年紀限制創造出成就。

第一個例子是菲律賓的梅秋拉．艾奎諾（Melchora Aquino）。她八十歲時祖國正為追求獨立動盪不安。非常勇敢，她將其店鋪作為反抗分子的庇護所，除此之外，她亦安排某些不起眼的地方，以作為革命者祕密開會場所。

這位老婦人這種顛覆性的活動引起殖民當局的注意，他們扣留她並拷問她有關革命領袖的行止。艾奎諾拒絕合作，其結果就是被放逐到馬里亞納島。

美國領有菲律賓後，艾奎諾以民族英雄之姿返回家鄉，並被尊稱為「革命之女」。接下來她仍積極參與成立新國家活動超過二十年，直到她一〇七歲逝世為止。

對大器晚成者而言，藝術更是一片沃土。英國人伯恩斯坦（Harry Bernstein）早在二十四歲時，即出版一本短篇故事集，但直到九十三歲才開始創作他的小說名著《看不見的牆》（The invisible wall）。他在二〇〇七年完成作品並目睹其出版，當時他已九十六歲。

被問到為何在其耄耄之年才決定大展長才時，伯恩斯坦回說是結婚六十七年的太太去世所引發的孤獨感激發他的創作。

而受到讀者的鼓勵，伯恩斯坦亦打算在一〇一歲之前再寫三部小說。針對這些伯恩斯坦在《紐約時報》的一次訪談中說到：「天知道其他人還潛藏著什麼其他潛能，如果我們能讓他們活到九十多歲就好了。」

第二章

你呢？你住在哪裡呢？

一般說來，可以過有意義生活的人有二種特質：了解自己的使命以及知道如何享受每一刻，對他們而言，每一個當下都有機會經驗一期一會。

但是，看看我們周遭的人甚至是我們自己，你會發現活在當下往往很困難。我們的心思四處遊蕩，很難專注於我們現在的定位及正在做的事，不夠關心我們周遭的人。

假如你是一個人，那麼與你在一起的人就是你自己。

四個基本情緒及時間

我們知道人類有四種基本情緒——雖然社會心理學家易克曼（Paul Ekman）基於我們面部表情，增加了驚訝及厭惡。這些情緒在我們生活中留下印記，並及時的將我們置放在某個地方。

現在讓我們一一檢視看看：

1. 憤怒。這個連結到我們生存本能的情緒，原初是為幫助我們面對危險，這也就是當我們憤怒的時候，肌肉會緊繃以便防衛及反擊的原因，心跳加快也是同樣意思。我們的身體製造腎上腺素及正腎上腺素，強化我們對壓力的反應，但最終導致筋疲力竭。

其實除了社交上不受歡迎外，憤怒與真正受威脅的關聯性很少。

但當我們相信我們是不法行為的犧牲者，或發生在我們身上的某些事情是不公平的時候，我們就會生氣。而如果你的反應是持續攻擊，那麼可能會失控並讓問題更嚴重，因為另一方也察覺受威脅並展開反擊。但如果你抑制憤怒，結果則是自我傷害。

不管我們是攻擊或是抑制，憤怒幾乎可說是一破壞性的情緒，就像佛陀的教導：「持續發火就像抓住一塊火燙的煤岩丟向某人：你就是被燙傷的人。」

導致生氣的原因歸根究柢，就是我們解釋某件曾發生的事或某人曾做過的事，所以，憤怒就是持續將我們與過去綁在一起，阻止吾人享受此時此刻。

2. 傷心。此情緒常發源於失落感，不管是什麼樣的情況。當心愛的人從我們旁邊離開，不管是死亡或分手，我們就會感到悲傷，而在適應新環境前，我們亦會經歷一段悲傷過程。另外當我們失去某件有用的或有價值的東西——例如一支手機——或我們的車子拋錨或收入減少時，我們也會感到傷心。

還有一種更實在的悲傷，它會讓人陷入反思狀態，例如失去希望、沒了生活意義或發現自己處於冷漠狀態。

當上述情況持續一段時間，可能就會導致沮喪。若悲傷是正向健康，可讓我們了解所發生的事，向所愛的人道別並準備以一嶄新的方式迎接未來。它將以不同方式成就我們內心魔力甚至轉化為藝術。

從生理學的角度來看，易克曼指出悲傷情緒會讓我們眼皮下垂雙唇緊閉。一個悲傷的人不會注意眼前所發生的事——他們沒有活在當下——他們處在我們所謂的「空的狀態」。

悲傷讓過去成為我們的羈絆，因為我們一直專注於那些我們失去的、那些不復存在的或我們想要卻得不到的。總之，只要我們悲傷，我們就不是活在此時此地。

3. 恐懼。就像生氣一樣深深的與生存本能連結，其作用乃是對威脅或潛在的傷害有所警覺。例如把你丟在叢林，恐懼必定油然而生，以偵測迫在眉睫的危險，並激發我們的身體為戰鬥或逃跑做好準備。

就像生氣，恐懼亦能分泌腎上腺素，引起脈衝及血壓上升，甚至過度換氣。當然也有其他生理症狀，包括出汗、搖晃及肌肉緊繃，有時則是會癱瘓。

也和生氣一樣，沒有真正威脅的時候，恐懼可能也會一直盤旋在你我內心深處。我們會擔心那些可能會發生但卻不是即時性危險的事情，例如丟掉工作、夥伴，失去朋友的關心及感情，我們的健康問題。

當感受一直揮之不去，奠基在我們猜測可能會發生的預期性恐懼，就會導致焦慮症甚至是恐慌症。日復一日的害怕所累積出來的結果，極有可能讓我們癱瘓。

究其實，恐懼乃是一種將我們投向未來的情緒反應。如我們生活在恐懼中，就無法享受現在所做的事，及我們現在所擁有的一切。

4.快樂。最少被研究，且因為它並不常被重視，所以總是披著一層神祕的面紗。

強度有所不同，人們會有不同的內在體驗，從安詳寧靜的滿足感，到無法控制的幸福感。無論如何，快樂喚起生命的慶典、輕鬆愉快且懷抱著樂觀情緒。

快樂讓人熱情洋溢，這也可解釋為何我們很快樂的時候，總是會找人一起分享，我們會變得更善解人意更慷慨更有人情味。

在足球比賽裡，踢進球門的球員都會奔向隊友來個擁抱。可以說快樂就是我們經驗並給予的情境反射，它不只將人們置於生命中的陽光處，也拉近人際互動。

作家兼演說家羅維拉（Alex Rovira）區別二種不同類型的快樂：有原由的快樂與無厘頭式的快樂。前面一種需要外在因素刺激，這種快樂情緒瞬間即逝：例如我們心儀的球隊贏了比賽、我們中了樂透或我們獲得升遷。莫名其妙的快樂則源自於內心，沒有特定的理由，就像出自靈魂的傳遞，處於這種沒有條件的情緒中會有一種滿足感，本書將在一特別章節中 提及。

我們都曾經驗這四種基本情緒，當中只有快樂可連結到「此時此地」，而它也是一期一會的精神所在，因為我們知道快樂只存在於當下，不是之前或之後。

四種基本情緒

情緒	生氣	悲傷	恐懼	快樂
時間	過去	過去	未來	現在
關鍵詞	回來	醒來	回來	一期一會

將情緒轉化到時間裡

因為「情商」概念的普及，我們逐漸的意識到我們的感覺，但我們總是不清楚我們的情緒，為何老是將我們穿越到過去或未來，而不是立基於快樂的現在。

在這個意義上，將情緒轉化到時間的簡單運作，就是將重心拉回到現在的一個有力工具，我們從中可找到賦予一期一會特色的快樂、平和及意興。

為達此目標，每一次感到不快樂，你就必須開啟轉化機制：

- 你在生氣？你覺得傷心？若是，那你正活在過去，趕快回來！醒來。
- 你感到害怕？你可能活在未來喔，快回頭吧！

當我們停止將自己投射到過去或未來時，我們就能回復到現在並享受快樂。轉化，我們會更容易擺脫困境，因為沒人喜歡自外於現在，橫亙在你面前的事都很重要。

假如我們意識到我們是活在過去，那你得離開；假如是在未來，回來就對了。

如何活在當下

以下幾個小測驗，可幫助評估你是否擁有活在當下並享受此時此刻的傾向。

1. 我收到一封傷人的電子郵件、短信或電話……

ⓐ 我覺得很沮喪並馬上回覆，但之後就忘掉這件事。

ⓑ 我思考此狀況有好一陣子，直到找出正確的回覆方式。

ⓒ 不管有沒有回覆，我整天受困於此窘境——甚至好幾天。

2. 我發現我和某位好友的關係，不再像以前那樣親密，對我來說……

ⓐ 我覺得這沒什麼大不了的，我揣測對方必定壓力很大，或者有其他事讓他分心，只要時間正確，我們很快就會見面。

ⓑ 我寫了一封頗長的電郵要求見面，如此的話我就能找出問題癥結所在，是我做錯事或對方出狀況。

ⓒ 我真的被他們的疏忽所惹惱，所以我會把他們踢到一邊。假如他們沒有回饋我的感情付出，他們就不值得我去愛。

3. 我去渡假，但抵達目的地後，卻發現航空公司遺失了我的手提箱，過了二十四小時仍不見蹤影……

ⓐ 我不會讓它搞砸這趟旅行，我去買了一些衣服及個人必備物品，然後繼續我的假期。假如手提箱仍未出現，回家後我會向航空公司求償。

ⓑ 我繼續行程，但我一天內打了好幾次電話給航空公司，確認他們仍在尋找失物，我不斷的向他們施壓。

ⓒ 因為沒了衣服及其他東西我相當沮喪，所以無心享受假期，我不停的咒罵航空公司及那些無用的員工。

4. 我讀到內部文件指稱因為景氣低迷，公司很快的會受到衝擊，尤其是我工作的部門。我的反應是……

ⓐ 我盡我所能繼續在崗位上拚搏，因為那是我所能掌控的。

ⓑ 我開始打電話給同一部門的同事，以確認情況是否如我所聽聞的那麼糟糕。

ⓒ 我感到很焦慮並開始尋求替代方案，以防情勢越來越危險。

5. 我聽到一位我很欣賞非常熱情的老師得了絕症……

ⓐ 我立刻尋找她目前所在的醫院，我想花些時間多陪陪她。

ⓑ 我開始思考生命很脆弱這個問題，為何所有好事如此輕易結束。

ⓒ 我的疑病神經症 (hypochondria) 又超速了，我自己告訴自己從現在起，我應該去做更多的定期檢查。

測驗結果

ⓐ是零分；ⓑ是1分；ⓒ是3分，計算一下你得幾分。

6～10分（很糟）：你將你自己投射到過去或未來，結果壓力和焦慮讓你無法享受現在，你需要學習回到現在。

3～5分（有改善空間）：你的緊張程度不是很嚴重，但假如你能儘量不去想東想西，你會更平靜且毫無疑問的會更快樂。只要一些訓練你就能駕馭之。

2分以下（太棒了）：即使事情還是會把你帶到過去或未來，但你知道如何很快回到現在。你是一期一會的大師，具有鼓舞其他人振奮的潛力。

「現在」是一個要打開的禮物

自從佛陀教導追隨者，要將自己定錨在此時此地（the here and now）之後，人們花了二千五百年尋找「現在」，那個往往就像雪一樣融化在我們指間的「現在」。

下一章，我們將檢視一些由禪學所提供，能讓吾人活在當下的策略。另外我們亦會看到一位日本僧侶如何的影響賈伯斯（Steve Jobs）。最後，在結束本章之前，我們將看看，當我們設法停駐於現在時，我們的內心會發生何事，而這是一塊讓我們與過去的痛苦及對未來擔心隔絕的綠洲。

十年前，在《時間悖論》（The time Paradox）這本書上，史丹佛大學的心理學教授辛巴度（Philip Zimbardo），如此形容「關注當下時的心理狀態」：「當你正專心注意（或稱為正念，mindful）時，你會完全認知當下的你自己及周圍事物。正念可以增加你游泳時頭在水面的時間，你可以發現潛在的危險，當然還有愉悅。當你正念時，你也會認知到你所處的位置你的目的地，你可以調整你的途徑。」

對那些大部分時間都自外於當下的人來說，類似上述的經驗可說是一大變革。辛巴度的合作夥伴阿卡（Jennifer Aaker）和魯迪（Melanie Rudd），則以一系列他們協助很多人體驗一「永恒」的短暫時刻的經驗來予以印證。

根據他們的結論，這些人「覺得他們有更多可用的時間且更有耐心……是較有意願自願花時間幫助其他人，（而且）更喜歡體驗非物質產品。」

當他們順其自然活在當下時，大夥都說對他們的生活更加滿意。實驗的結果說明了為何當下也意味是禮物，而且不僅是在英國，當下一直都在這裡。它時時刻刻供我們所用，所以它是難忘的。但，就像任何一種禮物，首先我們得打開它。

接下來，我們將會說明如何辦到。

第三章

禪修

賈伯斯的故事很多，但有一事很多人不知道，那就是他受惠於禪修，此事在他所設計的蘋果電腦中，扮演很重要的角色。

賈伯斯在大學二年期間——其中一年半是旁聽生，因為他負擔不起全額學費——據說他花了大半時間研讀東方哲學及宗教。他和朋友卡特基（Daniel Kottke）討論這些新發現。卡特基多年後在蘋果公司開發第一部個人電腦麥金塔（Macintosh），他的簽名被鐫刻在電腦內。

在賈伯斯成為企業家之前，即一九七四年他返家的時候，為了籌措到亞洲的旅費，他開始在一家開創性家用遊戲機公司雅達利（Atari）上班。

幾個月後，賈伯斯離開公司並與卡特基一起到印度旅行，後者發現賈伯斯身上，似乎具備了靈性上的狂熱（spiritual bug）。

他們花了好幾個月搭巴士旅遊印度，結果未能找到令人信服的心靈導師（guru）。旅行中最有趣的一件事，是一位印度僧侶在沒有預警的情況下，帶著剃鬍刀幫賈伯斯剃頭。

回國後，賈伯斯又回到雅達利工作了幾個月，參與了街機遊戲（Breakout）的製作，直到他開始與其合夥人沃茲尼克（Steve Wozniak）販賣第一台蘋果電腦（Apple Is）。五年後，蘋果公司上市，它讓三百多位員工成了千萬富翁。

❋坐禪寧靜

字面翻譯，坐禪意指「坐」與「禪」。在日本它是冥想活動中最普遍為人所知的一種方式，傳統作法是以一蓮花或半蓮花姿勢坐在墊子上。

最重要的是打直你的背脊，從你的骨盆到你的頭部。眼睛直視地面，距離大約三英尺，或者是看著牆壁，好像臨濟宗坐禪冥思那樣。

除要求盡可能專心致志於當下、不執著於通過你腦海諸多事物外，坐禪冥思並沒有其他特別目的。

「你就一直坐著，想想『不思考』的情境。你如何思考『不思考』？不思考，這是坐禪的藝術所在。」被認為是這種實踐的開創者道元禪師（一二〇〇～一二五三）如此說。

值得注意的是，大師說的不是讓腦筋空白——這經常被誤認為是坐禪目的——而是『不思考』。這指的是清空所有流經腦海的事，不要去執著它，這樣的話，我們就能夠達到沒有過去沒有未來的境地，感受到此時此刻我們身體的每一個感覺。

坐禪歲月

這段期間，賈伯斯開始在舊金山坐禪中心展開行動。在那裡他遇到了高僧乙川弘文，後者成為他餘生的好友兼導師。

據說賈伯斯是那些花最多小時冥思的學生之一。有時候他會擺脫繁忙的日程，利用幾天時間到美國第一座禪修修道院塔薩哈拉（Tassajara）。他會坐在牆壁前面連續數小時觀察他的內心狀態。史蒂芬很欣賞利用心靈研究心靈的點子，此概念在心理學上，則是以對自己認知過程的思考（即元認知或後設認知）為人所知。

我們將在本書第三部分學習到此技術，但這裡我們得先提一下對蘋果創辦人生命留下深遠印記的宗教導師（即前述 guru）。

乙川弘文出身京都，前三十年在日本度過，其中三年則是待在該地最重要的曹洞宗寺院。一九六〇年代末期移居美國，任務是向西方推廣禪學、俳句及書道。

賈伯斯也學習書道，對他來說這很重要，因為往後蘋果電腦螢幕的字母因此獨具特色。這只是他受乙川影響的眾多例證之一。

乙川也教賈伯斯面對稍縱即逝狀況仍必須全力以赴，這就是一期一會，此乃乙川在茶屋學習到的。

✻來自乙川弘文的鼓舞

我們坐禪使生命更有意義……我們只需從接受自己開始，坐禪帶我們回到真正原來的我。

你愈能感覺自身生命的價值和稀有，就愈能體會如何利用它彰顯它，這完全是你的責任。我們面對如此艱巨的任務，很自然的就會坐下來暫時停歇一會兒。

再一次，乙川問其中一位學生：「當所有的老師都逝去，誰將會是你的老師呢？」

學生回答，「所有的事。」

乙川打住問答，說「不對，是你自己。」

二十多年來，直到二〇〇二年去世，乙川都是賈伯斯親密朋友兼心靈導師，他甚至主持了賈伯斯的婚禮。

在創立蘋果公司之前，賈伯斯對他的人生猶豫不定，最吸引他的選項，竟然是將其餘生奉獻給禪修。

當乙川弘文得知賈伯斯計畫時，他向史蒂芬建議不要退出俗世世界。他如此說服他：「假如你將熱情奉獻給你所愛的人事物，你將會在每一天生活中找到禪……你大可經營你的事業，因為你仍會擁有一個靈性生活。」

賈伯斯接受乙川建議踏上冒險之路，他帶給很多產業革命性的發展——電腦、電話及音樂——永遠。

蘋果電腦的日本靈感

賈伯斯用禪修作為主要工具來設計蘋果產品，他的設計指導原則之一是盡可能的簡單化，排除任何不必要的元素。

在同時代引發革命性變化，具簡約、美麗及直觀設計的 ipod 以及 iphone，都證明賈伯斯受到禪修簡約精神影響非常大。

但賈伯斯直到八〇年代初，才第一次去日本旅行，當時他主要是為第一代麥金塔電腦尋找合適的磁片。那次旅行他拜會了新力創辦人盛田昭夫，並試用了當時最時髦的產品隨身聽的原型機。此事讓他非常印象深刻，另一件吸引他的事是新力的廠房，以後他所建立的蘋果廠房就是以此為模範。

另外在第一次日本之行中，賈伯斯也把握機會造訪京都曹洞宗的永平寺，那是乙川到美國之前修行的地方。

此後賈伯斯多次回到日本，他總是會駐停京都，那是他最喜歡的城市。

賈伯斯也欣賞時尚設計師三宅一生，後者專注從簡約中凸顯優雅。賈伯斯與三宅發展出私人友誼關係，他晚年每天幾乎都穿高領毛衣，而此正是三宅所開創的穿衣傳奇。

一期一會中的八堂禪修課

史蒂芬．賈伯斯很容易生氣，對周遭的人亦不是很公平，學禪之後卻讓他的創造力造福數百萬家庭，帶給大家美麗、簡約及和諧。

日本版的佛教教義，讓吾人有很多機會，將一期一會融合到我們的日常生活。

1.坐下吧，看看發生了什麼事。我們精神面的短視，常讓我們往遠處尋找，原本就在我們眼前的事物——不管是空間或時間。禪修教我們只要坐著擁抱此時此刻，再沒有比此狀態更具雄心壯志。假如有別人與會，我們可以把他們的陪伴視為一種禮物。

2.品嘗此刻就好像這是你在世的最後一刻。你一次只能活一天，而且別忘了沒人能保證隔天早上會醒來，所以不要推遲快樂，你生命中的最好時刻，永遠都是此時此刻。

3.避免分心。有句古老諺語說，瞄準二隻獵物的獵人，到頭來將一無所獲。相同的事也發生在我們一方面在查電話簿，卻同時想關注對話或讀一本書。禪修教導我們一次只能做一件事，此事要把它視為是世界上最重要的事。

4.把你自己從那些不重要的事情中解放出來。一位旅行家的專業，是取決於他離家程度，而非他攜帶旅行箱的多寡。生活是一場驚險的冒險，所以最好是輕裝上路。準此，每一天當你覺得負荷太大，問一下自己，我可以丟下什麼？

5.做自己的朋友。不要與別人比較，也不要在乎別人在想什麼，要認定你是世上惟一。就如大提琴家帕烏．卡薩爾斯（Pau Casals）在一本寫給小朋友的詩作上說的：「你是一個奇蹟，從沒一個人——未來也是——與你一樣」。

6.慶賀不完美。並非所有自然界現象都是完美的，那你為何要強求完美呢？每一個挫折都是在示意你應該走不同的路；每一個缺陷就是要你繼續努力。假如你有意提振，那麼不完美就是完美。

7.實踐慈悲心。以佛教徒觀點來看，為某人感到惋惜並非是憐憫，而是意味讓我們走向理解其人動機，或需要的話，他所犯的錯誤的另一境界。因為每個人都依據「發現自我」的個人成長時刻行動，即使他們的行為可惡，那也是他們所能做到的最好方式。

8.把期待放在一旁。有預期心態、等待確定的事發生，都是扼殺「此時此刻」的不二法門。相對而言，一期一會則強調禪宗所教導的清淨心。關於最後一點，期待，它就像是阻止我們尋求禮物的包裝，一旦我們由此脫身，「現在」就能向我們展示其所有的光芒。

第四章

苦與物哀

苦（dukkha）是佛教用語，一般人解讀為受苦，但這是很大的誤解，比較準確的翻譯應是「因為大家都知道世事多變化實屬必然，是故每個人內心或多或少都存在著焦慮感、不滿足感。」

我們一生中都在不斷的逃避「苦」，為達目的採取「逃避現實」此一形式，甚至成癮。

逃避現實，現代人花樣更多：愈來愈多身歷其境的電子遊戲、藥物及酒精。特別是當我們經歷危機或遭受損失時，我們都會多方尋找途徑，遠離這個證明我們存在於世的無常感。

沒有任何事物可永遠存在，不管是好的或壞的，接受這個事實就是掌握「充分利用精彩瞬間人生優勢」及「當我們歷經艱難轉折點時，也沒有失去希望」的鑰匙。

第二支箭

以下這個故事，向我們揭示了佛陀如何教導學生，與生命中如影隨形的「苦」奮戰。

世尊問「假使一個人途經森林，卻被一支箭射中，會痛嗎？」

「當然。」弟子們回答。

「假如接著又被第二支箭射中，會更痛嗎？」

「當然，比第一支更痛。」

「第一支箭代表發生在我們身上的壞事，這我們無法逃避。」佛陀總結道。「對這些事我們無法控制。但要注意第二支箭卻是我們所發射的，它對我們的人生造成不必要的傷害。」

第二支箭以現代人的術語來說，就是「後設情緒」或「元情感」（meta-emotion）：意指關於自己的情感和他人的情感的情感與認知的組織或結構化集合。用通俗的話來說，指的是我們感受我們曾感受的。

假設我們碰到了一些倒霉事，不可避免的會覺得痛苦，而且在歷經了最初的不幸後，我們仍會沉浸在原初的衝擊中。一旦我們如此做的時候，我的意思是我們讓原初衝擊的痛繼續蔓延，那麼我們只完成一件事，那就是創造更多的痛苦，而這就是第二支箭。對第一支箭我們是無能為力，因為生命充斥一拖拉庫的危險，準此我們所能做的，就是避免讓第二支箭射向我們。第二支箭即憂愁與焦慮，它源自我們一直掛意第一支箭。

讓我們來聽聽佛陀的結論，這或許是他最有名的一句話，「痛苦不可避免，但你可以選擇是否承受。」(Pain is inevitable. Suffering is optional.)

如何避開摧殘我們生命的第二支箭，超越我們被命運操控的打擊，以下有幾個建議：

- 了解生命是由無數的麻煩及滿足感構成，而缺乏前者就無法享受後者，因為對比二者，才能讓我們欣賞生命中美好的事物。口渴之後飲水更令人舒暢；在歷經悲傷和孤寂後，才會發現愛是更大的特權。
- 明瞭痛苦的暫時性本質。傷害我們的事不會永遠持續著，除非我們決定讓自己身陷不幸事件的泥淖中。假如我們不沉溺在痛苦中，取而代之的將自己侷限在「只是經歷此倒霉事」這個範疇，那麼痛苦就會逐漸凋萎，而我們也將由此獲得經驗教訓。

• 藉由享受一期一會的時刻彌補不幸。不論是單獨一人或是在所愛的人陪伴下，克服困難的最好方式，就是給自己一個美麗體驗的禮物，即當下生活的光明面，如何實現我們會在第三部分介紹。

總而言之，我們接受第一支箭——痛苦——但我們不自我發射第二支箭——自我設限的苦難——那麼，我們就能避免自我懲罰，活得較快活並享受生命中提供的所有好事。

參與一場茶道聚會、打一場球、聆聽音樂、開發更多興趣，或是以百分百一期一會的態度與朋友相處，將我們與生活聯繫起來，不論我們可能經歷多少的逆境與失望。

物哀

日文物哀是用來表達對美的欣賞，不過若按字面翻譯，則是「意識到時光流逝」。

我們亦可以形容物哀為「苦樂參半」，指的是當我們真的體會我們當下所看到的、聞到的、聽到的及感覺到的事物本質，均是短暫時那種戰勝自我的強烈情緒。

日文物哀：物の哀れ
哀れ：感傷（pathos）
の：的
物：事物
完整意思：由生命及所有存在事物均無常所引發的懷舊及感傷。
*在亞里斯多德的體系中，感傷是人類存在的痛苦中的一種。

感受物哀並不是一種負面的體驗，相反地，它意味著可連結到生命的真正本質及無常，所以它是前往一期一會的直接道路。

十八世紀日本學者本居宣長第一個將物哀此詞，應用到日本人民情感反應中。他是由古典文學處獲得靈感，特別是寫於一三三〇年史詩小說《平家物語》的二行文字：「祇園精舍的鐘響與萬物無常相呼應……尊貴不遠，如春夜一夢。」

大自然提供了物哀美麗的一刻：盛開的櫻花、晴朗天氣下金色陽光、輕拂的雪塵或秋天裡布滿落葉的小路。

這美好的一刻，值得我們屏息駐足體會，它為我們的靈魂加滿油。

其實在本居宣長賦予物哀新面貌之前，日本人早就有類似的表達行為「啊……，」類似一種嘆息。

藝術及文學史到處充斥這種愛戀即將失去某些事物的時刻——最淒美的時刻，大多以詩的形式呈現人們對此情境的感覺。

曾獲諾貝爾文學獎的小說家石黑一雄，就試圖在其著作中擄獲物哀的精神，特別是在《長日將盡》（The remains of day）及《別讓我走》（Never let me go）這二部小說，強調人們面對時光荏苒的複雜感受。

另外一個例子是電影《銀翼殺手》（Blade runner）那段如史詩般的片尾對話：「我看到的事你們絕對不會相信。攻擊艦在獵戶座肩部著火。黑暗中我看到鄰近坦蒙瑟（Tannhauser）門的C型樑發出閃光。所有那些時刻都將消失在時間裡，就像雨中的淚水。

陣亡的時刻到了。」

享樂適應性

事實上，上古西方文明也對「生命中短暫本質」產生共鳴，只不過它的出發點與日本不同。

西方第三世紀的希臘斯多葛學派，其消極性形象早被眾人公認。他們努力實踐其主張，例如專注思考當你失去心愛的人事物時的心境及因應，假如你的工作、愛人或家庭被搶走時會發生什麼事？

斯多葛提出此假設不是要探究悲傷，而是提醒眾人，要從中感謝你曾擁有的這些人事物。

部分羅馬人也信奉此哲學，他們叫它「邪惡預謀」（premeditation malorum）——指的是消極性的思維；防禦性的悲觀主義——將其用作賦予自己所擁有的價值的一個工具，因為當我們習慣於某些人事物，或是其為理所當然時，我們通常不會對其有興趣。

斯多葛學派似乎有先見之明，他們的主義接上了現代心理學所謂的享樂適應性理論

(hedonic trendmill)。享樂適應性是一種機制，意味一旦我們的慾望被澆熄，不滿足感旋即油然而生，因為我們總是不由自主的想獲得更進一步的滿足。

舉個例子，假設我們已習慣吃十元早餐，三十元餐點應算是大餐吧。但假如多年過後，我們的購買力增加而且也已習慣吃三十元早餐，你會發現我們還是在抱怨三十元的食材和服務品質，為滿足慾望我們又得開始吃五十元早餐了。

的確，享樂適應性對那些有著苦行心理的人來說沒有影響，但不可否認的它仍是現代消費社會的基本心態。當我們獲得我們想要的，一段時間後，我們還是會回到成就我們快樂的「基本層面」上(base level)。

人們常常劈腿實屬正常。一旦新鮮感沒了並且習慣於新女友或新男友，我們就需要去感受與不同的人在一起所產生的激素。

佛陀觀察到此問題，他辨認出慾望中不快樂的根源，除非我們能理解上述的機制，否則我們永遠都在不滿足，也無法享受快樂的時刻，一期一會。

達到目的的關鍵，就在於停止將吾人導向新慾望的輪迴中，並開始感受周遭的每一個人事物。快樂在於什麼都不想要，並接受讚賞生活提供給我們一切的人事物。

✲拉丁語，「勿忘你終有一死」

此語與我們先前提到修道院道士見面講的話一樣。它的目的是要提醒，我們只是短暫存在於世，而是否可以享受人生是取決於自己。

據說古代羅馬，每當有打勝仗的將領遊行於市區時，有些人會跟在他的後面，每隔一段時間重複「勿忘你終有一死」，以免將軍被成功沖昏了頭。

這個拉丁警語也出現在文藝復興、巴洛克時期，骷髏、雕像、圖畫或其他藝術作品都意涵著「存在乃短暫」，以至於出現另一句名言「把握當下及時行樂，儘量不要相信明天」。

把握當下的友好面孔

把握當下哲學通常會被聯想為過量，聯想到不曉得明天如何那眼下就花錢享受等行為。但此處我們的用意是要呼籲大家，活在當下指向生命中最美麗最基本的層面，而非及時行樂。

某位哲學家曾說人類是凡人，他們表現的好像人們將永遠活著，而不是像神一樣的生活。這種說法很弔詭，等同抵制「活在當下」。

- 把緊急的事列為第一優先，而不顧重要的事(為自己)。
- 一再的推遲我們最想做的事，好像我們有無限生命。
- 只會想那些想做卻不適合做而未來才會做的事。
- 帶著阻止我們享受此時此刻的怨恨、悲傷及擔憂的心情抵制當下。

面對上述情況，「把握當下」，像佛教所教導的，告訴我們萬物無常，我們衷愛的人事物沒有一樣可以永恒存在，所以每一刻都可能是最後機會。

就這個意義而言，一期一會就是把握當下的友好面孔，因為它不去強調有天我們會死這個事實，反而提醒我們今天還活著。而此，如本書第三部分要介紹的，是慶祝生命的源頭。

就如演員兼編劇梅．蕙絲（Mae West）這位美國性感偶像說的：「你只能活一次，但假如你做對了，一次就夠了。」

第五章

命運取決於一瞬間

一九九八年，一部德國驚悚電影《蘿拉快跑》(run Lola run)上映。由波特坦(Franka Potente)擔綱的女主角，有二十分鐘時間籌集十萬德國馬克，以拯救男朋友的性命，後者將這筆屬於他老大的錢遺失在火車上。由此開始，劇情朝著三條有著細微差別的可能性發展。

第一個可能性，當蘿拉跑下樓時一隻狗對著她吠，這讓她跑得更快，也導致她父親一位同事發生交通意外，原來當時蘿拉是想藉由她父親同事工作的銀行取得貸款來應急。

接著我們看到第二個可能發展。狗的主人絆倒蘿拉，讓她從樓上摔下來，疼痛使她動作變慢，此完全改變了她前往銀行的經過。

第三個可能性，蘿拉躍過那隻狗並在不同時間上抵達街道，其最後結果當然與前面二種明顯不同。

拋開遊戲內容不論，電影本身其實表達了任何時刻都是獨一無二的，而且任何時刻都會觸發完全不一樣的結果。後者一如有名的蝴蝶效應，它指的是「對初始狀況的敏感性」，它也是混沌理論的一種。

蝴蝶效應

用流行說法，蝴蝶效應「就是一隻在香港鼓動翅膀的蝴蝶，可以引爆紐約一場風暴」；另一種說法是任何變化，無論多小，結果都可能由於一個放大的過程，創造出一完全不一樣的狀況。

發生在我們身上的事會影響他人，再依次影響其他人，一直持續下去，結果是原初的騷動改變了所有的事。這個理論及蝴蝶效應，是由氣象學家勞倫斯（Edward Norton Lorenz）所提出，他說假設我們有二個世界，而惟一的差別是其中一個世界有隻蝴蝶正拍打其翅膀，最終就是形成二個不同的世界。有蝴蝶的那個世界，最初微不足道的原因和影響，串聯起來觸發遠處的一場龍捲風。

勞倫斯在一九六〇年建立此理論，當時他已用電腦預測天氣，當然那是非常低階很原始的設備。為節省空間，記錄測量結果的列印機，將其中一個數字四捨五入到小數後三位（紀錄顯示是0.506而不是0.506127）。

必然的，這個小數後三位數字的計算輸入到電腦後，其對二周後天氣的預測，完全不同於輸入六位數的結果，勞倫斯注意到此差異。

勞倫斯由此發現無論多麼細微，任何的偏差都足以改變全貌。

現在將預測天氣或諸如蘿拉及其男友這種極端案例放在一旁，讓我們檢視一些可以幫助我們了解蝴蝶效應如何影響我們日常生活的案例：

- 就如同某人在雪地跳躍引發雪崩那樣，一支沒弄熄的菸頭可能引發野火，燒毀整個景觀，改變當地居民的生活。
- 假如你媽媽或你爸爸沒能在美好時刻說出正確適當的話，他們的關係可能無法開花結果，而你就不可能出生或閱讀本書。
- 每個人都會想到獎學金或職務清單，不要自問「我永遠不可能得到它」，展開行動那會造就一個不一樣的人生。

• 你曾閃過某個有趣的點子嗎？算了或試試看就是一個抉擇，它可能有不同的結局，從此展開偉大的事業或什麼都沒發生。

總結蝴蝶效應吧。我們的確沒法知道任何時候我們的行動或我們所做決定帶來的結果，但每一個時刻都深具重大意義，它將我們帶回到一個一期一會，它的影響觸及未來：你現在的所作所為是獨一無二，而其結果完全不同於你在另一時間的所作所為。

命運之愛

拉丁文Amor Fati意指命運之愛(love of fate)，大意是生活中大小事都是有原因的，即使當時可能不是這麼回事。

賈伯斯說有必要將這些點串聯起來，以便日後了解生活上諸多事件的真正涵意。所有事情的發生都是有原因的，這包含對命運的隱含信仰。當然機會也可能介入，稍後我們將討論此點。

上述說法，並非指我們應該將我們自己交給心理學所謂「吸引力法則」，或者乾脆等事情發生。取而代之，我們應該根據由命運所發出的牌，如叔本華所說的，以一正面的態度塑造機會帶給我們的大小事情。

尼采，一位叔本華主義的當代哲學家，針對命運之愛發表他的看法：學習看出事情美好的一面，如此或許能讓我們把事情變好。

是故命運之愛意味接受發生在我們身上的所有事情，即使是不愉快的事，事情發生是有原因的，我們要做的是給它一個正面意義。

阿甘和一期一會

電影《阿甘正傳》於一九九五年在日本首映，當時副標題就是一期一會，男主角湯姆漢克的名字是附加在阿甘前面，所以電影全名是《湯姆漢克飾演阿甘，一期一會》。

電影講述一個故事，主人翁行遍全世界遇到很多人，但從不把這些邂逅的人當成路人。用命運之愛的胸襟，阿甘全心投入那些時刻的當下——一期一會——即使有些人在他生命中是無關緊要的。

機會的神祕角色

一九七一年科克羅夫特（George Cockroft）這位英語教授，寫了一部短暫震驚世界的小說《骰子人》（The Dice man），當時被英國廣播公司譽為最近五十年最有影響力的五十部書籍之一。

這本書是以作者名字為主角的一部自傳小說，一位精神科醫生萊茵哈特（Luke Rhinehart bn）的故事。他如此形容他那無聊的生活：「生命是厭倦海洋的狂喜島嶼，三十歲後島嶼就幾乎看不到了。」

對協助病患做決定產生倦怠感，因為很多決定最終結局就是臥病在床。萊茵哈特醫生捫心自問提出一個很挑釁的假設：「如果我們將自己重大的決定訴諸於機會之手呢？」

為了實驗這個想法，醫生將他的機會交給幾個骰子。它的運作模式是他自己在每次面臨重大事件時，寫下有時是相當荒謬的一系列選擇方案，然後再依這些方案做出決定。

這種方法打亂了萊茵哈特的診療，也衝擊了他的生活。他成了機會人，創造了一個「六面向宗教」，他用骰子當牧師。由此我們可以說小說的中心主軸，就是你將你的生活交給機會之手，機會會保護你，帶你到你需要體驗的地方或情境。

稍後的解釋就有點幽默了。骰子人極端的命運之愛證明了人類對「失去控制」的恐懼，我們相信我們可以決定我們的生活歷程，承擔相應的責任，但實際的情形是機會永遠都會介入，有時候在我們不知情的情況下，一個意外的改道就讓我們達成真正的目標。

機會練習

不用像萊茵哈特醫生那樣極端，有時候我們其實可以在生活中，利用機會元素為我們提供一些冒險，讓我們的休閒生活不要老是一成不變，增添難忘的成分。

假如你不願你的生活多一些機會，那你的人生永遠都是千篇一律。要擺脫單調生活，我們可以試試機會，一個月一次，透過寫下六個選擇方案——為簡化計，不要使用二個骰子而是一個——採用骰子決定的方案。下面我們看看幾個例子：

1.在書店，選六本以前你未曾聽過，但因某些理由吸引你的書，拿走骰子決定的那本。根據機會定律，這本書可能包含一些我們必須閱讀的精彩內容。

2.旅行時找飯店，應用相同原理找六間你毫無所悉的旅館。而如果你想提高隨機性，在餐廳，你可以在選菜時使用骰子，當然首先你得把你永不會吃的食物排除在外，這樣的話，你就可以享用一頓完全由機會決定的大餐了。

你也可以依此模式，在周末選一場電影消磨時光。就這樣吧，每月一次，把轠繩交給機會，它沒有負面影響，且會為生活帶來一次又一次的一期一會。

有意義的巧合

一九九二年奧斯特（Paul Auster）出版小說《紅色筆記》（The Red Notebook）。這本書收錄有十三個作者親身經歷的故事。書中以巧合或同步性（Synchronicity，指時間上有意義的巧合）模式為主軸，其中「機會」扮演主要角色。

這位布魯克林作家在其中一個案例中，提到三年前他的信箱中，出現一封寄給西雅圖一位名叫摩根的信，郵局將此信退回給寄信人，信件背面寫有寄信人姓名和地址。

奧斯特確信他並沒有寫信給那位仁兄，他拆開信封，裡面的內容是那位假想的奧斯特讚揚摩根，因為後者在一個有關現代小說的大學討論課上，表達了對奧斯特小說的看法。

在《紅色筆記》中，真正的奧斯特形容那封信：「充斥著誇夸其談自命不凡的風格，漫無章法的引述法國哲學家著作但卻洋溢著自負和自滿的語氣……這是一封不足掛齒的信，我從沒想過會寫這種信，但這封信卻簽上我的名字。」

奧斯特最初認為這是巧合，但很快的此事有著更神祕的面向。一封表面上由奧斯特寫給摩根的信，顯然在投遞出槌後，交到真正奧斯特手上。信件的收件人和冒牌奧斯特其實是同一個人。

這位惡作劇的傢伙，怎麼會知道奧斯特的地址呢？他要奧斯特知道他篡奪其身分但他的動機是甚麼呢？

也是《紐約三部曲》作者的奧斯特，從沒能揭開上述神祕面紗，但在他這本有關巧合的書中，他承認他從沒丟掉那封信，每一次他看到就會不寒而慄，他甚至於就把它放在桌屜裡，就像另一件物品那樣：「或許這是一種方法提醒我自己，我什麼都不知道，我生活的世界似乎永遠離我而去。」

同步性：瞬間的訊息

榮格創造了同步性這個概念，它指涉二個或三個沒有因果關係的巧合，即使它們彼此之間有明確的關係。彷彿有時候機會會與我們玩在一起，讓我們注意到平常對之漫不經心的事情，以下有幾個日常生活中的同步性例證：

- 有時候我們腦海中出現一首音樂，而突然坐在你前面的一個傢伙正哼唱著它。
- 有時候你一下子想不起某人，剛好就在那一刻這傢伙打電話來。

我們可能會將似乎是機會引發的這些事情連結在一起，它們總是企圖吸引我們的注意。

根據榮格所言，同步性提醒我們平常所忽略的某個人或某細節，他並提供以下一則臨床案例：在一次關鍵診療中，一位年輕的女病患向我說了一個夢境，夢中她得到一隻金色聖甲蟲。當她向我敘述時，我正背對著緊閉著的窗戶坐著，突然我聽到背後傳來聲音，很像有東西輕拍著窗戶，我轉身看到一隻飛翔的昆蟲，從外面敲打著窗玻璃。我打開窗戶，當小傢伙飛進來時抓住了牠。牠是在我們這個緯度所發現，最類似所謂聖甲蟲的生物，一隻金龜子，一隻普通的金花金龜（rose-chafer；Cetonia aurata）。與一般所知金龜習性相反，這種小生物顯然在這個特殊時刻有股衝動，想進入這間昏暗的房間內。

榮格說這個同步性訊息提醒他，上述的夢境對治療女病患很重要，必須要將它納為線索好好解釋。

有意識的魔法工具

有些人對有意義的巧合免疫，有些人則有感受，為何如此？這主要取決於注意力。當我們發現巧合時，我們會變得更敏感更能密切觀察，從而幫助我們開始檢測更多細節。

這些藉由種種「機會」，傳送給我們的微妙訊息，就是有意識有意義的魔法工具，以下有幾種方式可以將其擴展開來：

- **將更多注意力放在發生在我們周遭的人事物上**：與他人的相會、談話，書及電影……同步性經常隱身在日常生活細節中，它需要好奇心及細心的觀察力。
- **寫日記**：記下我們日復一日的經歷，讓我們更了解真實狀況的細微差別，並能訓練我們專注各種機會所帶來的微妙訊息。
- **和有創造力的人交談**：榮格宣稱同步性較常出現在那些經歷過成長時刻，或高程度創造力的生活中。是以，花時間與這些傢伙在一起，可協助我們微調我們的天線，因為他們可以向我們顯示那些我們從不曾關注的枝微末節。
- **試試冥想**：這會讓我們更容易了解巧合，因為冥想將我們定錨在時間上，進而增加我們洞察力的頻寬。

榮格指出，危機時刻及變化時刻均能啟沃同步性，究其原因乃是在這些時刻裡，我們較能注意到命運傳送的信號，就這個意義而言，若我們更多的經歷特殊時刻，生活愈能指引我們走到更正確的道路上。

第二部

生活中的一期一會

第一章

專注的儀式

日本喝茶儀式——字面上常稱為茶道——不是一種純粹喝提神飲料的泛泛過程，它複雜精緻多了。

概略而言，茶道乃是一種培養五種感覺（我們會在接下來五章中說明）的儀式。以下簡單說明之：

- **品嘗**：端上來的茶是最高等級，喝下一杯極純粹的茶，它的韻味會持續一段時間。
- **聞**：茶香濃烈撲鼻，它和作為儀式一部分吃的甜食氣味一樣重要。假如儀式是在傳統茶室進行，那麼室內木頭、花園有點潮濕的土壤以及樹木也是聞香的一部分。

‧**觀看**：茶具因為它的簡約顯得特別漂亮，因而被讚賞也是傳統茶道的一部分。茶師的動作也同樣令人賞心悅目，因為他們透過儀式演出一段精緻的舞藝。

‧**觸摸**：嘴唇還沒接觸之前，你手上拿的這杯熱茶開啟了第四個感覺，而且通過茶道象徵著家的寧靜連結。

‧**聽**：假如我們身處森林，將會聽到樹葉沙沙作響的聲音，而在現代茶道中，根據我們稍後會探討的禮儀，參與茶道的人必須以最大的注意力講話與傾聽。

茶道是要將我們錨定在當下，並要求我們要將心志鎖定在五個感覺中，使儀式成為一種超越喝茶的一種藝術。

現在我們已知道如何讓時間靜止，接下來讓我們花一些篇幅，旅行到過去看看，這個精緻的藝術如何誕生。

樂茶碗與金繼工藝

十六世紀，茶道大師千利休將茶道房間的設計，做了一個革命性的修正，他把房間縮小到二個榻榻米大小。他同時也是茶具方面的行家，所以也做了很大的改變，在此之前，日本大多模仿中國。

憑藉著他的知識，千利休決定創造一個全新的茶杯，樂茶碗。在好朋友田中長次郎的幫忙下，他設計了一款比中國更具直率特性的茶具，它的美簡單的說就是簡約。千利休的茶室和樂茶碗風格，奠定了我們所知的現代日本美學的基礎。

關於上述現代日本美學，我們也可用探討人類靈魂此深遠意義的角度，追尋千利休同時另一重要脈絡：金繼工藝。金繼也以金繕此名為人所知，它指的是利用混合漆和黃金末為材料修理陶器的一種日本技藝。

Kintsugi，日文寫成金繼ぎ

Kin 金：黃金

Tsugi 繼ぎ：將二片物件修理或黏上

修理破裂陶器的技藝在中國早已為人所知。我們可以以張藝謀執導的電影《我的父親母親》(The road Home)為例來加以說明。這是一部有關一位鄉下普通女孩與一位來

自城市的老師戀愛的故事。

年輕女孩沒有其他方法來示愛，她只能靠烹飪技藝，但為男主角準備的料理卻在半路出意外，碗破了。此事讓女孩心煩意亂，因為陶碗對她而言，有很重要的感情價值。幸好她找到一位粗砂工匠為她修補陶碗，這位工匠擁有幾乎失傳的祖傳技術。工匠在陶碗鑽了幾個精密小孔，接著輔以一些金屬釘，他成功的修復了象徵女孩戀愛的陶碗。

日本文化常藉由重塑中國傳統凸顯其與眾不同——大部分是表現更加精緻——接下來的例子也不例外。

傳說五世紀前，幕府將軍足利義滿送給中國二個對他而言很重要、但已破裂的茶杯。二個茶杯最後被用釘修補上並回到義滿手上——手法與前述張藝謀電影雷同——一開始他就對茶杯粗糙的外表很不滿意。

但很快地，義滿認識到這二只在中國修補的茶杯，與他其他珍藏的茶杯有明顯不同的風格。雖然他仍不喜歡茶杯看起來的樣子，但他確實體會到其特色，所以他要求日本工匠，用最貴重的材料來填補裂縫。

這就是金繼工藝誕生的經過。陶器以黃金修補，裂縫之間呈現金色線條，讓陶杯反映出一種嶄新的美感。

故事繼續說到義滿是如此迷戀這種美感的茶杯，以至於他命令工匠故意打破一些陶杯，其中大多具很高價值，以便用相同手法再次創製新作品。

金繼哲學

金繼是侘寂哲學的極端例證，它教導我們在不完美中發現美，它也可被當成生命中的一個隱喻，反映出我們所累積的受創和失落。

我們的情感創傷須臾不曾消失，就像一只沒修補的破裂陶杯，觸發諸多不必要的痛苦。不過我們可以透過接受及體會自身不幸及失敗釋懷。依此模式，可以說講述我們故事的創傷疤痕，就像是金繼中的金漆。

就像是一塊精美的瓷器，人心很容易受傷，但因羞愧而隱藏創傷不是解決之道。創傷是我們人生的一部分，並將如影隨形的陪伴著我們，單就此點而言，創傷就應得到黃金光彩，它所反射的光芒就是我們自己。

✻菲爾利賓的寶藏

菲爾利賓（Phil Libin）是新創公司「記事軟體」（Evernote）和人工智能創業「全海龜」（All Turtles）的聯合創辦人。他不僅是矽谷一位厲害的創新者，且因為曾待在東京一段時間，所以也是一位日本通，東京的科技會議上常見到他的蹤跡。

利賓也是電影《星際大戰》的超級粉絲。從創立「記事軟體」起，他就在辦公室使用《星際大戰第五部曲帝國大反擊》的紀念杯。

但有天，他不小心把杯子掉到地上，裂成數小片。

「我把碎片收集起來放到塑膠袋，但一方面是傷心，另一方面也是太懶，我並沒有把它們扔掉。」利賓承認。

不過如靈光乍現般，他想到日本的金繼工藝，或許可以讓他的杯子起死回生，於是他找到了井上俊介（Shunsuke Inoue）這位工匠，而這位住在福島的師傅也真的幫了大忙。

利賓堅稱他更喜歡修復後的杯子，用他自己的話：「透過金粉塑造了全新的裂紋，杯子不只被恢復，且比以前更具看頭」。

採取最純粹的侘寂態度，金繼並不打算隱藏任何缺陷恰恰相反：它凸顯缺陷，讓物件呈現一全新的風格。

破鍋

有一則印度寓言提及裂縫的美及效用。謝謝它，讓我們自身最清新最具創造力的一面可以展現出來。

故事的主角是一名印度挑水夫，他的工作方式是肩上一根桿子的二端各掛一個大鍋，自溪中將鍋子裝滿水挑至主人家。其中一只鍋子沒有問題，但另一只則有許多裂縫，可想而知，每次一抵達目的地，破鍋的水只剩一半，甚至更少。

多少年來，二個鍋一起上路，但結果總是不平等。知道自身完美的那只對它的成就感到驕傲，它無可挑剔的完成了任務。破鍋則因它的裂縫而自覺丟人現眼，因它只盡了一半的義務。

有一次，因太過悲傷，破鍋決定找挑夫談談：「我感到很慚愧，我要向你致歉，因為我的裂縫，你只能交付我載負水量的一半，以至於也只能收到一半的錢。」

挑夫以充滿同情的口吻回答：「在回來的路上，我要你仔細看看路旁正在開花的美麗花朵。」

真的，破鍋注意到整條路有好多漂亮的花，不過它仍覺得悲哀，再怎麼說只有一半的水抵達目的地。

「你有沒有發現，花只長在你所在的那一邊嗎？」挑夫指出。「我一直都知道你有裂縫，不過我找到正面的出路：我在我們走過的路上撒下種子，而你在不知不覺中每天都在澆水。結果，就在現在，我有了這些花。假使你不是如此這般，我的意思是你的裂縫，我會一直走在有如沙漠般的道路上。」

侘茶

回到千利休這裡，跟著武野紹鷗和村田珠光，我們將介紹侘寂此字彙的歷史。

我們前面提過，千利休的學生之一首先在個人筆記中，提到一期一會這個字彙。準此，體會侘寂的本質，可以讓我們更加了解一期一會，實係起源於侘寂的實踐。

日本在室町幕府期間（一三三六～一五七三），茶道風行全國，當時是以從中國進口的華麗茶具為其特徵。侘茶的出現主要就是針對此審美觀所做的一種反動，是故它所使用的茶具就強調簡約，且產自日本。

除了極簡風格的茶具外，侘茶也以簡化飲茶場所作為訴求。由千利休設計的茶室，大概只能容納二個大人。大師當時所創建的茶室之一仍存在於世，並被指定為國家遺產，即待庵，它座落在京都南方靠近大山崎車站附近。待庵被視為實踐侘茶之道的茶室典範。

- 茶室只有二個榻榻米大，在角落旁小小地方用來放置煮水器具，當時最小的房間尚有四個榻榻米大。
- 茶室裡另有一凹間，讓人掛一書道卷軸，你可以有各式各樣的題字，例如寫著一期一會。
- 前述煮水地方放置鐵鑄水壺，它是用砂模製成的，置放在爐上煮水。

空間極小的侘茶茶室，卻創造出獨一無二的感官世界，在其中，你無法遁逃於過去未來之間。它強迫我們聚焦於現在，因為茶室裡惟一的另一件事就是另一個人、二塊榻榻米、茶及書寫訊息的掛軸。

千利休設計的茶室讓侘茶道不可能分心，且儘可能的展現直接與誠實的味道。這位神話般的大師，也相信侘茶道能以最誠實的方式認識自己。

簡約色彩

在日本，每當某一顏色成為主軸時，就會盡力不要讓其他顏色滲入干擾。例如森林地區，綠色和赭黃色占支配地位，如有佛寺混雜其間，就有如一隻變色龍般，於是佛寺就會使用木頭色等色系，以免在森林中自顯突兀，它必須成為森林的一部分。

但有例外，在佛寺主要建築裡面，其他色調，像金色，是被允許的，其目的在於賦予進入一個不同空間或世界的印象。

茶室是以榻榻米作為主要色系，所以牆壁色彩是類似榻榻米顏色，以免在場人員的注意力被混雜顏色吸引。

當茶準備好時，其他顏色相形失色，綠色脫穎而出。

創造你自己的茶道

由於我們與日本的聯繫，讓我們有很多機會體會茶室茶道。在結束本書開頭的京都之旅後，我們在東京以寧靜和諧聞名的一信堂茶室連鎖店互道再見。一位侍女很優雅的將我們選定的茶用托盤端上，我們可以看及聞那只用來泡茶的小小容器，托盤上尚有一盛水水壺及一只杯子。

不需要茶道師傅來協助飲茶儀式，我們自己進行這難忘的侘茶道。我們在連結東京市區與國際機場的成田捷運的電車門口分道揚鑣前彼此擁抱並互道一期一會。

時代在變遷，現在沒人會逼你依千利休那種嚴格模式飲茶。

在我們日常生活中，茶道可以在任何地方進行：在公共茶館，參與者圍坐在一長方桌旁；或只是在家中客廳，朋友作陪。最重要的是當茶準備好，你得讓時間靜止，將每天的煩惱、抱怨拋諸腦後。

參與者內心充滿一期一會心態也是很重要。他們要心存感謝，因為他們與眾人喝茶的這段時間，是非凡的而且不會再現。

現代茶道版本有以下幾個規範：

- 聚會地點要儘可能寧靜。不建議瀰漫音樂喧鬧聲的酒吧和餐廳，另外未能與交通噪音隔離的地方也須排除。
- 以迎接一期一會的心情開始茶道，提醒自己你將體驗一個無法複製的時刻。
- 當儀式開始時，要留下寧靜的空間，也就是說，不要堅持用一般對話來「填補空白」。
- 講話時，要避免任何具潛在性爭議、不愉快或有壓力的主題，任何會導致分裂的話題要予以排除。
- 相反地，要鼓勵可讓參與者輕鬆的對話：地方上有何獨特性、茶的品質、美麗的茶壺、你最近在藝術及文化上的新發現、對旅遊地點餐廳公園等的建議方案……

基本上就是討論愉悅的事物。

- 讓每個參與者覺得自己是儀式的一部分是很重要的，不二法門就在傾聽。是故，你應避免打斷別人的談話，或避免因自身立場或先入為主有答案，而轉移別人談話的主題。
- 記得在茶道結束時，以一期一會說再見，提醒自己你已經歷一場不會再重現，且值得珍藏獨一無二的時刻。

和自己喝茶

雖然茶道參與者原初構想至少需二人——傳統上一個茶師傅一個來賓——但有個好主意也不錯，那就是何不自己喝茶呢？這是烏拉圭作家沃爾特．懷雷塞爾（Walter Dresel）建議的。

我們每天不斷被承諾及對外義務束縛住，如果一個禮拜一次與自己喝茶，真的可以為忙亂心靈找到出口。

你可以每個禮拜找一天，花些時間在咖啡廳或茶室，藉以解放自己。一旦點了茶就給自己一些時間去思考、做筆記或深呼吸，接受用五官感受到的周遭世界。

第二章

傾聽的藝術

你曾碰過會真正傾聽的人嗎？恐怕很困難，因為在講話者和聆聽者之間，有各式各樣的篩選及障礙。這些絆腳石是：

- 我們對講話者的看法及印象。
- 我們對談話主題有自己的偏見，或是先入為主的想法。
- 當說話的人講完後，我們對我們將說什麼的想法。

上述情況使得我們只能做到表面傾聽的程度，即使我們沒有直接打斷與我們交談者的談話。

想要體驗在別人陪伴下的一期一會，實踐傾聽很重要，它是大自然賜予我們的禮物，甚至在我們出生前幾個月就存在。

出生前的傾聽

嬰兒會傾聽，他們甚至在母體內就具備此能力。事實上，妊娠中，胎兒已經能感知母親的心跳聲及母體所製造的其他聲音。在子宮的胎兒可聽到母體消化聲，及胎兒第一個家裡面所產生的所有聲音。

第六個月，胎兒甚至能聽到母體外的聲音。有些父母說他們的寶貝透過踢與轉動來回應他們的談話，這是有科學根據的。

科學也證實出生前，我們可以感受到音樂，及家中所發出的所有聲響。出生後這個與生俱有的注意力仍持續發展，但隨著年紀漸長，身體內部及外在環境所引發的分心，開始侵蝕我們原本可清晰感知周遭事物的能力。

連結與分離

當對方說話時，我們得花很多時間去思考，接下來我要說什麼、評價之、提出我們的想法或控制情況。純粹去傾聽可以讓我們釋放出來，沒有傾聽則被隔開。

——塔拉．布拉克（Tara Brach）《聆聽的神聖藝術》

噪音汙染

在個人化的茶道中，我們強調的是在一安靜的場合下，參與者的重要性。沒有背景音樂，因為在噪音與我們注意力之間存在直接關係，所以壓力會減少。

據估計，當我們專心閱讀或書寫時，假設旁邊有人講話，那麼我們的創造力會減至60％。

極端相反地，有一項在倫敦地鐵的實驗，顯示愉悅的音樂可減低犯罪率。地鐵當局選定一處竊盜率及襲擊率很高的車站播放古典音樂。據英國《獨立報》報導，令倡議發起人相當驚訝，偷竊案竟降至33％，襲擊地鐵工作人員則降至25％。

另一項非常有趣的研究也表明，那些不用忍受噪音汙染的團體，可以持續發展他們的聽力，例如生活在鄉村或森林的人們，或者是僧侶、尼姑，他們就擁有比一般人更佳的聽力。

成為一個好的傾聽者的條件

不管你是要進行茶道或其他慶祝活動，或者只是想更好的與我們的伴侶、家人、朋友或同事相處，以下這些步驟可以改善我們的聽力：

- 重要談話要找對地方。辦公室因聲量大及電話鈴聲頻繁，並不是溝通的好場所，起居室因電視及音響設備也要排除。達到最佳傾聽的第一步，就是儘可能避免任何噪音。
- 用眼睛注視你的對話者。透過眼睛直接接觸，可以讓我們的對話者知道，他對我們而言很重要，且我就在你身旁，但眼睛接觸不應該是威逼的。我們要專心注意旁人的口頭語言，確定他在我們之間的範圍內感到舒服，此態度很重要，不過可做適度調整。
- 關閉具干涉性的想法。如我們在本章開頭所講，在我們與他人交談時，天生就有置放過濾器的傾向。關鍵是不要判斷。假使我們能克制傾聽別人談話，那我們就可以吸收他們所有訊息，對方也能感受到受重視。如何辦到呢？我們要防止專注力飄移，確定時時刻刻精神集中。

- 在不打斷談話的情況下發問。不要打斷別人談話很重要，因為這會讓人感到挫折。與談者看中的是被人問問題，而發問證明我們的確認真且持續的在傾聽，這樣做可以讓我們更能找到對方講話重點，或讓他們知道我們並沒有誤解其談話。並不是說不可插話，以下方式甚至可帶來更佳效果，「所以你說的意思是」，對方從中當可感受你的誠意。
- 不要來個不請自來的建議。當人們想和你討論問題的時候，心裡不要老想著「或許我可提供解決方案」。對方最需要的是他要被傾聽，而不是告訴他做什麼。真的想到針對其狀況頗有價值的點子時，我們可以說「可以給你一些建議嗎？」或間接的提出方案，「當然，只有你才知道如何做出正確判斷，但假如我是你，我會……」

假使我們可以尊重談話經過，全心關注對談者，那麼每場相遇都會有價值，除了可加深與旁人的連結外，最終結局也會是令人難忘的。

第三章

看的藝術

人類感官中，視覺最為發達。然而很不幸的，我們卻花很多時間透過「螢幕」觀看人生，而不是直接「觀注」生命。

當我們閱聽網頁時，或用另一種說法，我們被塞入到社會媒體時，縱使其富含娛樂性，但正因為它們的即時性與用完即丟的本質，所以我們不可能從中獲取值得追憶的經驗。任何可能與他人分享而出現在螢幕的印象都會在二十四小時內忘光，即使不是很快。

所以為了能擁有一期一會的回憶，我們需要恢復「用眼睛觀注生命」的本能。

視和看

到達我們腦部的資訊有九成是靠視覺，但這並不表示我們懂得利用自己的眼睛。很多人無法看清事物，究其原因乃在於他們沒有專注眼前現象。

以下有則雷根總統出席一所大學頒獎典禮的故事，當時他仍保有相當不錯的活力。總統一向以擁有豐富社會閱歷為人稱道。另外他還有一項人格特質，不論他走到哪裡，他都曉得如何與人群結合，人們不知不覺中會被他的魅力牽著鼻子走。

結果，雷根在典禮上未能發現他兒子亦在場，後者在場是因為他被邀上台領某獎項，而且就站在總統附近。雷根太專注於聚光燈下的角色，以至於有幾秒鐘他沒有看到誰就站在他面前。

這就是一個不用心看的例子（looking without seeing）。其實在我們日常生活中，常會碰到類似窘境，在街上全神貫注於手機而撞到行人只是其中之一。

眼睛體操

我們不是在討論一位恢復視力的盲人，但在隱喻的層面上，此論點同樣重要。接下來我們所建議的練習，其目的是要微調此珍貴的工具，即善用我們的眼睛來捕捉美麗的世界。

- 我們在城市很容易就感受到過度刺激，這不只是指噪音而已。所以請嘗試一個禮拜到郊外以期恢復你的視覺能力。森林可以造就一次迷人的視覺經驗，全神專注於賦予景觀生命的不同樹種、鳥類及昆蟲，或請聚焦於某些現象，例如「木漏れ日」——從樹葉間傾瀉而下的陽光，一個大自然間具抽象意味的例證——增強我們的視覺能力、豐富我們的生活。
- 不要沉迷於手機，在走路上班或外出辦事時，多注意平時總是匆匆一瞥你所居住城市的一切。看看建築物、天空的顏色及天上雲朵的形狀。換言之，用雙眼欣賞你周遭的世界，如同身在一巨型畫廊中。

當你與別人見面時，不只要注意會面的地方，而且也要注意顯露朋友情緒及意圖的枝微末節。他們看起來很輕鬆或身體坐直著好像蠻緊張？他們的手在做什麼？他們的目光穩定或眼神飄移不定？此類關注可讓我們更深層的了解對方是誰，以及此時此刻他們怎麼了，不管是表面或隱喻。

✲如何欣賞繪畫

瓦西里・康丁斯基（Wassily Kandinsky），一位二十世紀前衛藝術的重要畫家，建議我們如何欣賞一幅畫作，「用耳朵聆聽音樂，欣賞畫作當然是張開眼睛……停止思考！只要問你自己這幅作品是否讓你『遊走』於一個前所未有的世界。假如答案是對的，你還想要什麼？」

美術館是觀賞藝術最佳地點。以下是在美術館畫廊內體會一期一會的關鍵：

• 在美術館內最常犯的錯誤是想把所有作品看完，但別忘了，絕大部分的人注意力是有限的，在你看完五十幅或六十幅作品，或者可能是更少的作品時，很容易疲倦以及不知所措。避免這種情況的辦法，是選擇館藏的一部分作重點觀賞，或甚至找你有興趣的來欣賞。

‧選了五幅對你而言最突出的作品，或者乾脆找前面剛好有座位的作品，把它當成重要畫作。

‧花至少五分鐘觀賞你所選的畫作，並把它當作一個整體，關注所有細節，把你自己融入到畫作中，如同你是其中一部分。

‧接著問自己以下問題：這幅畫要敘述什麼故事？是什麼原因激勵作者創作？這幅畫激發了什麼樣的感情？有什麼可與我的生命連結？假如此畫作是抽象類，那就專注後二個問題。

‧在離開美術館之前，可以的話到禮品部買你剛欣賞畫作的明信片，提醒你又一次一期一會的追憶。

第四章

觸摸的藝術

法國象徵主義詩人瓦勒里（Paul Valéry）說：「人類最深層的身上什物是皮膚。」沒錯，有時候我們情感上最強烈的感覺來自觸摸。我們怎麼可能忘記第一次握著心儀者之手的那一刻？更不用提初吻。

一期一會在觸摸那一刻達到最高潮，那也是人類最基本的需求，但老被我們忽略。

美國心理協會的研究發現，一個簡單的擁抱，可以減緩壓力激素皮質醇運作的程度。須注意皮質醇如持續分泌，會對吾人健康產生毀滅性的影響。二〇一〇年邁阿密大學的一項研究則指出，當我們擁抱某人時，我們的皮膚受體會傳送訊息，給負責減少壓力的腦神經。

觸摸或擁抱，甚至可預防性的治療很多致命性的疾病。

一般認為一天四次擁抱，已足夠促進一個人心理身體上的健康，但如依國際關係專家史塔爾曼（Andy Stalman）的說法，理想的數字是一天來個八次六秒的擁抱。六秒是讓催產素——與快樂有關的激素——到達腦部喚醒信任及情意感覺的最短時間。

✲觸摸的益處

觸摸也會讓我們有回憶的時刻，一般而言它有以下益處：

1. 降低血壓並讓全身放鬆，減緩頭痛及促進睡眠品質，這就是為什麼行房後比較好睡的原因。
2. 傳遞信任及親密的感覺，它無法用語言表達。很多爭議衝突無法解決，但在一次長的真誠的擁抱後竟然消散。
3. 激勵邁向成功。達契爾-克特納（Dacher Keltnor），《生而為善》（Born to Be Good）一書的作者：有意義生活的科學告訴我們，會用擁抱或擊掌彼此慶賀的運動員，比沒有任何肢體互動者更能取得好成績。

4.增強人際關係：專家指出，經常肢體接觸的情侶，會有較高層次的同理心（empathy），而且比那些肢體接觸僅限於性交者，較能維持更長久的關係。

5.提振心情。大大擁抱或放鬆按摩，可以讓一天所積聚的負面情緒煙消雲散。

西呂爾尼克醫師的發現

五十多年前，西呂爾尼克醫師（Boris Cyrulnik），一位曾經歷過納粹恐怖集中營的法國精神和神經專家，展開針對情感對人類平衡重要性的研究。

在羅馬尼亞獨裁者西塞奧古栽跟斗下台後，西呂爾尼克與一群羅馬尼亞孤兒院的兒童短暫的一起生活，後者在出生後前十個月沒有身體上的感情經驗。對這些孩子做神經上的檢查，發現他們受到前額葉皮層及杏仁核萎縮的折磨。

根據西呂爾尼克醫師在他所寫的《醜小鴨》（The Ugly Ducklings）一書中所言，這是小朋友缺乏從管理員身上獲致的感官刺激（sensory stimulation）所致，後者僅限於提供食物及基本醫療護理。

在五歲的小朋友中有10％具嚴重心理騷動徵兆，90％顯示有類似自閉的傾向，所有這一切都源自於缺乏情感。

有鑑於此，孩子遂被送往可以提供較大照護及關懷的寄養家庭。然後奇蹟出現：幾乎在一年後，所有孩子都復原，他們的前額葉皮質再度發揮功能。

喚醒觸覺活動

假如我們想在自己獨特時刻裡，讓所有五個感官都活起來，那麼定期練習老被我們忽視的觸覺活動是有用的，以下有些建議：

- 當你用手觸摸某物時，例如一棵粗糙多節樹幹，閉上你的眼睛想像一下你的手有耳及眼。
- 養成每天觸摸東西的習慣。例如買衣服時，在試穿前先摸衣服感受它的質地紋理。

- 在你上街時，記得感知一下肌膚對天氣的反應：感受冷或太陽的溫暖、溫度及微風。
- 嘗試赤腳走在不會弄傷腳的地方，例如木板、草地甚至是有汙垢的地方，喚醒腳跟的感受狀況，認知一下腳跟是如何支撐整個身體，以及如何讓身體保持平衡。

西洋棋冠軍費雪（Bobby Fisher）被認為是一絕頂聰明的傢伙，他曾說「沒有什麼狀況比人類觸摸更具療癒效能。」但這種感受不能只局限於讓人舒坦，我們可以像小朋友那樣手牽手圍成個圈，讓觸摸成為慶賀生命的一部分。

第五章

品嚐的藝術

隨著全球美食風氣的提升，我們的味覺愈來愈靈敏，是故我們可以在追求獨特體驗的過程中，賦予它更重大的角色。

這些經驗中最令人驚奇的是丹斯勒．諾爾餐廳（Dans le noir，法語意為在黑暗中），其特色是在完全黑暗的環境，由全盲服務生服侍，賓客藉此享受一次不尋常的用餐經驗。

創立於二〇〇四年的巴黎，丹斯勒．諾爾餐廳是全世界此類餐廳的先鋒，它的創新冒險晚餐是這樣的：

- 想想食客用餐時的情境，這很不容易，因為在看不見的環境下，氣味和對食物的感知會令人困惑。

・想想食客喝飲料的情境：會有近九成的食客，無法分辨出白酒、紅酒及粉紅葡萄酒。

・更專注的聆聽：當你在黑暗中用餐，你對其他餐桌的惟一認識，就是你所聽到的聲響，它會加強你的聽力，像盲人一樣。

一顆蘋果一個宇宙

被上述餐飲新趨勢所激勵，下面的練習或可達到完全專注境界，它是由越南禪宗僧侶釋一行推薦的：「在你咀嚼時，你的腦袋沒有其他東西——沒有計畫，沒有最後期限，沒有掛慮，沒有待辦事項，沒有悲哀，沒有生氣，沒有過去也沒有未來，只有蘋果。」除非你不喜歡蘋果，在此情況下你可選擇其他水果，無論如何，你可依下列所述練習正念（即完全專注，mindfulness）：

1. 蒙住你的眼睛，確定你看不到任何東西。
2. 拿一顆蘋果在手上，感受一下它的重量、硬度及表皮的紋理。
3. 拿起蘋果湊近鼻子冷靜的聞它的香味，這樣也能讓你更能享受它的味道，因為嘗與聞彼此可增強力道。

4. 咬一口，在咀嚼之前，用舌頭感受它的新鮮，注意唾液出現了什麼狀況，接著也試試舌頭下的感覺。

5. 咀嚼一片蘋果當作此刻世界只存在這件事。

心情和味道

二〇一五年由丹多（Robin Dando）、諾爾（Corinna Noel）與一群曲棍球球迷所執行的一項研究，為我們揭開了心情和味覺的微妙關係。

當球隊獲勝時，球迷甚至享受了先前他不喜歡的味道，但若球隊打輸，甜味不甚可口，苦味更難受。

好心情，並在愉悅夥伴們的助興下，是享受食物最重要的條件。

鮮味：第五種味道

我們的味覺在生存上扮演重要角色，因為它讓我們知道我們先前未曾嘗試的食物的特徵。

甜味示意這是一種可提供能量的食物。鹹味反映某食物富含對人體很重要的鹽分。苦味及酸味則是釋放警告的訊息。

第五種味道，特別被日本人珍視，是鮮味，它與含高層次胺基酸的食物有關。十九世紀末，鮮味（日文寫作旨味，旨是美妙的意思，味指味道）的由來是指吾人所品嘗的發酵食物——如上等起士、不會太鹹的火腿肉、或不會太甜不會太酸的成熟番茄——但仍不太確定。

下頁圖是舌頭中各類味覺的分布。

有項針對日本嬰兒的實驗，當中嬰兒對食物甜酸苦及鮮味的反應，主要是由其臉部的表情來觀察評估，結果證明除了由甜味引發的愉悅外，鮮味也產生一種開心爽朗的反應。

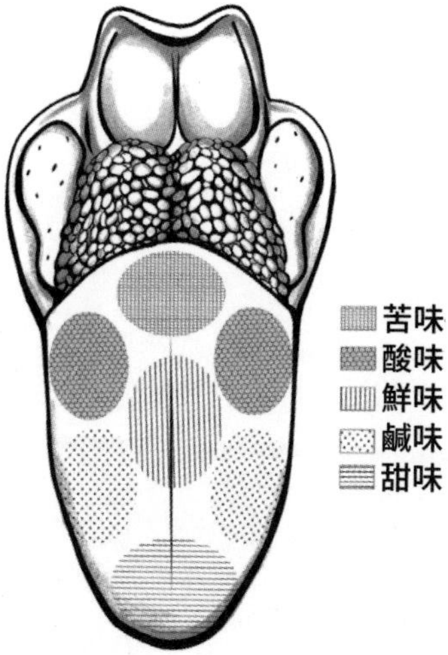

日本人從海帶和鰹魚乾（日文 katsuo-bushi；葡文 honito flakes）發現鮮味，除此之外在味噌湯及醬油中也存在鮮味。

另一個有關鮮味的有趣事實是，母乳富含穀胺酸，這是昆布等食材中一種關鍵胺基酸。

在美國，我們可在番茄醬中發現鮮味，這只是個例子，換言之，全世界諸多美食都關聯到鮮味。

任一種食物嘗起來無法用甜、酸、苦或鹹來形容，那它就是含有鮮味。

第六章

聞的藝術

證明我們對嗅覺所知很有限的一個事實，是人們可認出一萬個不同香氣，但多數人卻只能用頂多十個形容詞來指涉之。

嗅覺另一個特殊之處，是它與味覺密切相關，如前章所指出的那樣，這也是為什麼那些喪失嗅覺的人，也同時無法享受美食的原因所在，因為他們已不能彼此分辨出味道。

等等，這個最神秘的感知還有更多的特異功能，例如人們一想到看不見就聯想到嗅覺，更別提嗅覺老讓我們深深的跌入回憶深淵中。

想必你會碰到這些情境，你走到某地聞到一個熟悉的氣味，它可能是香水、空氣清新劑、木頭香或其他來源。接下來你停下腳步，熟悉的氣味將你帶到另一時間點上，或許是一個具體場域，此情境一直蟄伏在潛意識中而今突然甦醒過來。

布魯斯特在《追憶逝水年華》中提到一個類似時刻，在主題節時把一塊瑪德蓮蛋糕浸入一杯茶中：「這感覺讓我產生愛的效力，使我感覺了珍貴的存在；更確切的說，這存在不是進到我體內，它就是我。我現在不再覺得平庸、偶發地、平凡。所以它到底從何而來呢？這個全能的喜樂。」

時間機器

我們不可能發明威爾斯（H. G. Wells）在他的科幻小說《時間機器》所描述的那種機器，但我們卻可使用一種更為簡便更為直接的機器：我們的嗅覺。

比其他事物更厲害，嗅覺有辦法讓我們體會時光流逝，卻又關乎繾綣的回憶。感謝打開通往大腦中職司學習與情緒的海馬體與杏仁核的香氣，引導我們發現一期一會時刻。

根據法國一家嗅覺香水營銷公司德佳孚(Dejavu Brands)客戶經理柏特羅(Guillermo Bertolo)所言：「人類記得看到的3％，聽到的5％，但聞到的高達35％。」

這當然很難驗證，但不可否認它確是「嗅起力」最顯著者。聞一聞雨後氣味或游泳池的氣味，都可以讓我們墜入往日時光中。

我們鼻子這個微妙的力量，甚至讓我們超越了記憶和對不同香味的欣賞。

嗅覺日誌

如果我們加強我們感知工具中的這個微妙天線的力量，那它對我們每天記日誌是非常有幫助的。每次一聞到某種香氣，你就像來到一個特殊的時刻及場域，那麼就把此記入你的筆記本上吧。隨著時間的推移，你將會擁有一個口袋型「旅行社」；當作你買了一張車票，你只需呼吸正確的香氣，閉上眼睛，讓自己到處悠遊。

香氣之櫃

在亞洲寺廟中，燒香的一個功能，是將香客帶至「另一場域」（一種隱喻的功能）。據此你也可在家複製此經驗，燒線香或柱香或有香氣的蠟燭，以召喚「另一場域」或調整心靈狀態。

芳香療法在中國、埃及及印度等國家，已有千年的歷史，它是用來預防或治療疾病，包括安撫靈魂。

下面我們將檢視三種最流行精油的屬性：

- **舒緩壓力的松樹**。京都大學做過一項實驗，四百九十八名志願者在一天內，進行兩趟松樹林的散步之旅，每趟十五分鐘。這天結束後，那些早先感到悲傷、緊張及憤怒的人，報告說他們放鬆不少。事實上，最應強調的是那些顯示出戲劇性改善的人。問題是一般人家附近並沒有松樹林，不過擷取松樹香氣的松香油可取代之，並提供吾人同樣的功效。
- **助眠的薰衣草**。很多研究顯示這種有紫色花朵的植物，對失眠有很好的療效，主要是因為它的單寧、黃酮類化合物及其他天然成分，可減緩焦慮並幫助鬆弛肌肉緊張。

・**增強專注力的薄荷**。自上古時代起，人們就知道薄荷對心靈有振奮的效果。在美國，很多大學生會利用它來集中注意力。在工作一天後，薄荷也可協助恢復體力，所以人們常會滴入一些薄荷油在浴桶中。

在很多國家都可發現日本商品無印良品，它的一系列香氣商品有蠟燭、線香或裝在薄霧擴散器中的香精油。

假如我們想要在此刻創造一個絕佳的回憶，那麼就將嗅覺與回憶連結起來吧。下面引介一個與眾不同的香味，它能創造一個值得回憶的經驗。

❀塔上的月亮

最富盛名的日本香水是由三宅一生所創造的，前述賈伯斯就是接受三宅的建議，採用黑色圓領套頭上衣，展現他那有名的個人風格。

一九九二年，三宅開發出「一生之水」淡香水商品。香水瓶的頂端是一球形帽，此靈感是來自某天晚上在他的巴黎公寓望著艾菲爾鐵塔上的月亮。

三宅一九三八年在廣島出生，八歲時人類第一顆原子彈丟到他的故鄉，對這些他儘量避談，即使如此，他說每次當他閉上眼睛的時候，他都會看到「任何都不該經歷的事」。原爆三年後他母親仍因輻射問題而去世。

三宅對世界時尚文化的貢獻，部分要連結於這個可怕的經驗：「我們渴望美麗、未知及神祕……（我更願意）思考能被創造而不是被摧毀的事物，它能帶來美麗和享受。」

第三部

一期一會的小學校

第一章

派對的藝術

縈繞在我們心中的各種創建儀式（如出生、結婚、成年禮等等），不只東方文化獨然。在西方，有些人也會在不同領域中，體現茶道文化精神。

博蒙（Étienne de Beaumont）就是其中之一。戰間期（一戰到二戰），法國之外很少人知道這位身兼藝術贊助人、時尚設計師及編劇的伯爵，也以舉辦令人難忘派對為人所知。

一九一八年在巴黎，博蒙藉由召募一票非洲裔美國大兵，舉辦了一場爵士樂音樂會。他也舉辦以〈海洋〉或〈名畫〉為名的各種舞會，他也將〈巴黎黃昏聚會〉（Les Soirées de Paris）此一雜誌的作品搬上舞台，此劇融合歌舞表演、詩歌、芭蕾及戲劇於一身，有很多大咖如《美女與野獸》作者詩人劇作家尚考克多（Tean Cocteau）、畫家畢卡索及作曲家薩提（Erik Satie）等參與。

他舉辦的最後一場派對，是一九四九年的〈國王與王后的舞會〉，當時迪奧（Christian Dior）穿著像一頭獅子的服裝出現在會場。

博蒙無疑的知道如何在他的派對上創造一期一會——他從不重複相同的點子。參加他夜宴的人都知道，每一次聚會都是一次獨一無二的機會。博蒙確是「派對藝術專家」——就像是英國樂團的標題（那是日本最有名的歌曲）——而且他也知道如何確認他的派對從來就不會遙不可及。

事實上，據說博蒙說過：「舞會主要是為那些沒有被邀請的人舉辦的。」

失敗的放射線

很多人都同意，除非有我們喜歡與之交談的朋友在場，否則大部分的舞會都很無聊。

當我們參加一項私人慶典時，桌子總有滿滿的食物、各種飲料、精心設計的裝飾、蠟燭及音樂。

有點唐突的，音響揚聲器旁有個正在跳舞的傢伙，這讓我們感到有些悲傷，不過也有點怪怪的。其他的賓客大都坐在長椅或扶手椅上，看起來有些害羞或疲倦，甚至厭煩。大部分的賓客彼此都不認識，而假如我們是在接近夜晚的時刻才抵達會場，那麼所有的「電梯對話」（elevator conversation，意味在很短時間自我介紹，快速的與他人連結）都會派不上用場。

什麼地方出錯了？派對具備了所有讓賓客滿意的條件：優質食物飲料、舒服及裝飾精美的場地、迷人的音樂以及一個國際化氛圍……

原來，上述情境缺少了一項博蒙不會忘記的元素：讓每一次派對成為難忘時刻的「主題」。

一期一會派對的關鍵

就像一本小說或一部電影，需要某個重點將接連發生的事串聯起來，如此閱讀者才不會覺得厭煩，一個值得回憶的聚會或慶典，同樣也需要某個焦點主題貫穿全局。

如何有一期一會的元素？這個關鍵問題需要謹記在心：這個派對應該記住什麼？

答案應是派對的主題。以下讓我們檢視一下，可以形成派對焦點的幾個狀況：

- 來場音樂饗宴，由主人或客座音樂家主持，這將創造「預期」效果，賓客會有所期待。
- 來場外國風景紀錄片觀賞，伴隨著與當地美食有關的茶點，這會有助於讓賓客聚焦於長桌上所發生的任何事，就像茶道。
- 進行一項與所有賓客有關的活動，例如在歲末派對上，讓每位客人與其他人分享新年決心，營造鼓勵的情境。
- 來場共享遊戲，它可以讓賓客彼此認識。例如在派對或聚會中途，要求每個人提出一項有意義的題目，讓大家都有機會解釋，為何此題目對他們是特殊及重要：它所帶來的訊息，或它所喚醒的回憶或感覺是什麼？這個活動會成就一個魔幻般的夜晚，讓參與者盡情連結此派對並留下不可磨滅的回憶。

一個成功主題的關鍵，是它可以從賓客中召喚出一個感情回應，它需要：

- 了解所有參與派對賓客的背景（如此你就可以避免有潛在性攻擊的主題）。
- 尋找共同點讓每個人都感到被注意。

✲殘暴的神諭

二十世紀前半葉，前衛藝術界的超現實主義者如布萊東（André Breton）等人，在他們聚會中利用機會，創造一個嶄新及暗示性的意念。在不知情的情況下，他們正在追尋一期一會。

這種在活動中打破僵局的完美遊戲，以殘暴的神諭聞名於世。事實上，它只是個簡單的遊戲，情況如下：

1.每一個賓客會拿到折成半頁的空白紙。

2.要求每個人在紙上寫下一個問題——主題是他們想要了解自己本身的一些事。問題應以「為什麼」作為開頭，並應以第一人稱單數來呈現（例如：為什麼當我醒來時，總是陷入不好的情緒中？）。

3.接下來，要求每個賓客把紙翻過來並放空自己。然後要他們寫下進入他們腦海中，與剛剛他們寫下的問題無關的第一件事。它應以「因為」開頭，並以第二人稱單數回答（例如：因為你出生太晚了。）。

4.現在將來賓分成二部分。一個團體會問自己想知道什麼，另一則是會用他們寫下的隨機答案來回應。

5.接著互換角色，以便那些已經回答的人，可以提出他們的問題並得到答案。

永遠的浪漫

當聊到和別人的互動關係時，我們的一個朋友總是說：「我是她生命中的愛。」而他的另一半則會回答：「但你必須每天讓我陷入戀愛當中！」她是對的，能夠長期成功互動的祕密，是要像情侶般分享諸多一期一會的時刻。成功的伴侶不認為任何事都是理所當然，他們致力於小地方，每個日常生活細節都保持在熱情狀態中。

這樣可以讓很多用一樣腳本過著一成不變日子的伴侶，脫離無聊的生活模式。所謂無趣生活是快速早餐、上班上工、在家晚餐、在電視機前沉睡、上床睡覺。

日復一日，這種例行公事是通往冷漠的必經之路。有時候如果這對夫妻努力保持他們的關係，如開始時那般的化學反應，那麼偷情的行為可能就不會發生了。

一期一會的精神在於主動——至少一個星期一天——避免掉入千篇一律的模式。以下幾個例子：

- 送個禮物——要有感情價值，但不必不惜一切代價——沒有理由的。
- 用情境音樂、蠟燭或最好的瓷器銀器改變一下家中餐廳，你甚至可在餐桌上放一張手寫菜單。

最重要是要從慣性生活中喘息一下，並創造一個值得回憶的故事。事實上，當我們有意識致力於一期一會，我們就可以創造我們未來的回憶——可以增強夫妻伴侶的連結。

假如我們想要用快樂和懷舊，來回顧我們的生活，我們就不能讓生活中每一天就只是在過日子，我們要用意志魔力將每天變得很特別。

工作中的一期一會

是誰說工作、開會很無趣？為何不能將派對藝術，應用到占我們生活三分之一比重的生活中？

為兌現這個想法，我們決定在倫敦書展介紹本書（它具體呈現本理念）時，我們的介紹詞必須體現一期一會精神。放棄會議中心傳統介紹方式，我們特別為國際出版商舉辦一場特別且值得回味的活動：

- 我們在倫敦市中心找到一間日式茶館，並邀請經過一整天書展活動的出版商，到此舒展一下疲累的身心。
- 茶館工作人員為來賓準備各式茶飲：玄米茶（一種咖啡色的全發酵茶）、莖茶（混合茶莖和櫻花瓣的茶）及番茶（一種典型的綠茶）。另外也為參與這個特殊茶道的賓客提供點心。
- 我們準備一則介紹日本一期一會的短片給來賓觀賞。
- 在發給出版商一份本書書摘及解釋本書大綱概要後，送上茶飲及點心，整個活動則演奏坂本龍一的音樂。

‧如此安排讓來自全世界的出版商，處在一種純日式的氛圍中。

‧活動結束時，我們說出「一期一會」，彼此分享這個令人難忘的夜晚。

開派對，不論什麼方式——傳統的或二人的晚餐——重要的是要極力創造一個可以豐富參與者生命的獨特經驗。

當我們完成時，就如披頭四的歌〈你最需要的就是愛〉（all you need is love）。你的聚會成功與否與你投資的關心及時間成正比，有些事日本人是其中真正的大師——他們是偉大的細節愛好者。

第二章

集體正念

在本書的開頭我們提到山上宗二，一五八八年茶道大師，首次將進入我們生活中的理念公諸於世，他說的是「用一期一會對待你的訪客」。

宗二的意思是指接待訪客，就好像此次的相遇是生命中惟一的一次。

首先，它指涉關注。注意我們正在做什麼、注意其他人的需要（例如，當我們談話時，注意他人的感應）以及注意共享時刻的魔力。

衝突的根源

日常生活中我們所經歷的各種問題——不管是個人或宏觀範圍的一個社會——其根源就在於缺乏對他人的關注。

在這個全球化的時代，我們有機會與上千個甚至上萬個人連結，但要找到真正知道如何傾聽的人卻很困難。但傾聽卻是一個重要的禮物，這在前面傾聽藝術章節中已說明。

一期一會就是一種召喚，它讓注意力恢復，當你與你的夥伴、朋友、家人、同事、社會群組及全世界一起的時候。

它讓人意識到這一刻，可能是讓我們回到現在的最後一次。以同樣方式而言，那就像我們會努力專心傾聽臨終之人所說的每一句話。這個想像並不是巧合，只有當我們完全與他人同在時，我們才能夠真正的接收他們所提供的一切訊息。

我們目前所處的世界充滿著衝突，我們比以前更需要停止光說不練，且更需要與別人作連結。一起練習注意力和意識可以拯救這個世界。

新型態的正念

大部分的正念練習是在訓練個人注意力，透過諸如喬・卡巴金（Jon Kabat-Zinn）所設計的覺察減壓正念療法（MBSR），我們學習如何意識我們的身體、我們的想法及我們的情緒。

總共八個星期，學員們學習專注於自己的呼吸及身體的每一部分。不管是在休息、走路甚至是當負面想法占據其心靈空間時，他們都感受到。

如何走出這個個人專注和存在，並轉換成一個集體正念呢？如何用我們自身的洞察力、判斷力及需求，從內在世界走向他人世界，以便以一更深邃的方式，共享一個獨一無二的時刻呢？

覺察減壓正念療法教師、也是該療法拉丁美洲區的先驅阿蘇羅（Andrés Martin Asuero），主張「專注自己」馬上就能與他人連結。在某次訪問中，他如此解釋，「正念練習幫助我們意識我們在做什麼？我們如何進行？我們如何感覺我們的所作以及他人的感覺？基於這些知識，我們可以制定自己與其他人和諧共存的程序、機制及態度。」

讓我們檢視一下，可增強「專心注意別人」能力的一些策略。

- **首先是常識**。我們很訝異為什麼少有人能做到此點：當別人與你講話時，切斷你的通訊設備，例如手機。真的，當你企圖與一位一直在搜尋手機資訊，甚至在玩手機遊戲的人講話，你會覺得很丟臉。這是很多人會犯的一種缺乏尊重的習慣，我們甚至常在公共場所見過此畫面。

- **專注聽別人講話也注意他們的身體語言**。人們會藉由其手勢、姿勢、語氣及眼神，來傳達他們對自己本身和別人的感知。意識這所有的一切以便我們可以適應他人的情緒狀態。
- **在不打擾或侵犯的情況下發問**。很多人對於需要解釋某件對他來說很重要（或許那是一個他們不曉得如何解決）的問題時會很沮喪，他們只能聳聳肩沉默以對。而當我們不需要提供解決方案或我們不必承擔責任時，一些深思熟慮的問題——連同我們前面已討論過的積極傾聽——對我們與之交談的人會有加乘的幫助。這凸顯出我們的確專心傾聽，且提出對方沒有想過兼顧各方面的有用問題。
- **就只是和人在一起**。很常見的，別人根本不需我們的意見甚至是我們的發問。有些人只是需要個伴，只是想知道我們正與他在一起，分擔他的痛苦和憂慮。
- **讓他們安靜一會**。看著某人處在一極端壓力中，有時候對他來說，我們所能做的最好因應之道，就是給他一個隱私空間。不管多麼緊急，如此做的話總能解決衝突。如果對方過於激動，讓他獨自一人是最有利的。即便他們生我們的氣，正念的方法有時候也可讓他們退縮回去。

慈心修行

我們老是無法身在當下，因為我們心中常充滿對別人的怨懟及掛念與別人的未竟之事。但就如同本書開頭所講的，我們不可能同時身處過去與現在。針對那些傷害過我們或不公平對待我們，或對我們付出的愛與友誼沒有絲毫回饋的人，我們如何卸下對他們的敵意呢？

慈心修行是一種五步驟佛教冥想，它可以幫助我們讓我們當下的憤怒平息下來，並將負面情緒轉化為愛、理解及友誼。

如何練習慈心修行（它也被翻譯成慈愛）？以下有五個建議：

1. 坐下來，把溫暖、善良及善意等感覺，傳遞給你自己。請用感覺而不是思考面對這些情緒。
2. 接著，想想某個人，他不是你的夥伴也不是你的親屬，然後試著喚起對這傢伙的愛。

3. 接著，想想某個你感覺是冷漠的中立人物，全神貫注的，將你的良善傳遞給他，擁抱他的人性。

4. 接著想想某個有爭議甚至是你極討厭的人，努力將溫暖、善意及理解傳遞給他。

5. 完成上述冥想，接著將上述四人聚在一起置入腦海中——你自己、你的朋友、中立之人及敵人——試著同時對四人存有好感。想像將這份愛蔓延到你周圍、你的城市、你的國家以及全世界。

邀請全世界

引導你專注於別人，並不只適用在衝突或痛苦的事件，應用在有關社會環境（social setting）同樣有效。

它們是如何在一場慶賀場合運作呢？一位在巴黎生活的美國波西米亞人吉姆海耶斯

(Jim Hayes)，是一獨一無二的範例，他在我們完成這本書時是八十四歲。

海耶斯，一位反文化的運動家，由於主持被認為屬於馬諦斯的蒙帕內斯(Montparnasst)工作室的「星期天晚餐」活動，成為法國首都的傳奇人物。世界上任何人都可參加此活動，自然這是一期一會，因為賓客，所有陌生人，彼此不太可能相聚。

想參加？首先你必須取得海耶斯的電話號碼，接著致電要求安排參加晚宴，那裡每周由不同廚師烹飪。主人的座右銘是「邀請全世界」。

從城外來參加的人付代幣用餐，整個活動最有趣的事，莫過於觀看海耶斯的行動，因為他舉辦晚宴的方式是集體正念的典範。

在進行不同課程時，賓客可瀏覽書架上的書，有些書是海耶斯的作品——如《世界的工人》(workers of the world)；《團結起來停止工作》(unite and stop working)以及《感謝你的到來》(thanks for coming)。另外有海耶斯的自傳——由他自己的出版社出版。在我們訪問時，他正計畫寫一本新書《為一百個人烹飪》(cooking for a Hundred)。

讓我們看看主人如何對賓客充分關注之情。海耶斯站在凳子上，觀察那些分心或孤獨的人，並指示誰應與誰交談。

以下有幾個例子：

「穿黃色毛衣的那位，放下書去跟坐在沙發戴著眼鏡的女孩講話。」

「那邊那二位，是的，就是你們二個。你們已經講了好一陣子了。我建議你們去和那二個奇怪的傢伙談話。」

「那裡有位日本女性在燈下睡著了。有任何人和她說說話嗎？」

上述活動最基本的精神，就是沒有人會感到被冷落。

從凳子上，海耶斯為互相介紹陌生人的藝術帶來一絲正念。根據他感知的類型和態度，他將人們配對交談。這晚宴促成了無數的婚姻及長期友誼，後者也為很多患了周日憂鬱症的人提供了解藥。

這位引介者，花了三十年製造了眾多「周日一期一會」，我們可以這樣說，他體現了約翰多恩（John Donne）寫於一六二四年那首膾炙人口詩句〈沒有人是與世界隔絕的〉的精神：「沒有人是自成一體的孤島；每個人都是大陸的一部分，主體的一部分；如果一塊土地被海水沖走，歐洲會更少，就像是一個海角，因為就像你的朋友或你的莊園一樣擁有；任何的死亡都會削弱我，因為我參與了人類……」

第三章

回到現在

在有關賈伯斯和佛教的章節中，我們提到「元認知」此概念，我們測試我們心靈狀態的能力。這位「蘋果」創辦人深諳此道，常面對牆壁坐禪練習。

不過，感知你的思考並不需要在坐禪冥想時，伸直你的頸腰或依靠禪學大師的提點。只要坐在一安靜的地方，感受不經判斷隨時掠過你心靈屏幕的任何事物就夠了。

如此做的目的就是將注意焦點移轉向內，並自問「我正在思考什麼？」

如果我們超然觀察，我們就會看到回憶、很棒的點子、令人不安的情緒、信仰、理性或荒誕等情境，當它們流經腦海時。

即使出現在你腦海的是精神錯亂，你的態度也應該是中立的，免得偏離了通往平靜之路的認知——「你不是你的想法」這個假設。當我們以「元認知練習」分離觀察者和被觀察者，我們就會設法從我們的思想中分離出來，同時也可觀察此過程，這些都可幫助我們達到平靜的狀態。

當我們不再認同我們自己，我們的自我(ego)就消失，而我們也可完全隨時間流轉，同一時間深層且直觀的了解「真實」的本質。這些頓悟（epiphang）時刻就是獨一的一期一會，它們也是囊括整個生命的明晰時刻。

✽拉瑪那・馬哈希的答案

在吠陀經最後結論吠檀多不二論（Advitaa）的一篇文章中——吠檀多是印度教起源中一致性的神祕體驗——西班牙作家安娜・索拉姆（Anna Solyom）記起心靈導師普尼亞（Papaji）和大師馬哈希在一九四四年的一段邂逅。年輕的普尼亞向這位偉大的印度大師問一個他在長期追求精神過程中，向所有大師問過的問題：「您能向我顯示神嗎？假如不行，你知道有誰可以？」

「我沒辦法向你顯現神或讓你看到神，」馬哈希回答，「因為神不是一個可以被看到的客體，神是主體，祂是先知。不要擔心可以被看到的客體，找出誰是先知吧！」

不是讓普尼亞看到神，取而代之的馬哈希是引導他進入他自己的存在，讓觀察者與被觀察者融合在一起，就像量子物理學那樣，這才是普尼亞啟蒙的開始。

一期一會的敵人

當我們達到開悟(satori)的境界時，也就是開啟與當下完全息息相關的啟蒙禪觀時，且停下腳步試著找出「當下此刻」的敵人，某種剝奪我們現存此刻及阻止我們體認永誌難忘時刻的習慣和態度。

- **預測**。如本書第一章所介紹的，當我們的心思竄進過去，那裡瀰漫著痛苦和怨恨，或飄向未來，一大堆擔心與不安，那麼我們就已經從現在此刻中被抽離。
- **分心**。只有當我們不想在同一時間裡做很多事，我們才能完全的體驗此時此刻。

一個漫步在森林但也一方面在更新他的手機資訊的人並不是活在現在，他甚至就不是在森林裡。

- **疲勞**。晚上睡不好或工作過度，都會妨礙我們享受當下。第一種情況是因為我們被疲勞疲倦緊緊抓住；第二種情況是因為精神太過亢奮，以致無法將刺激程度減至足夠享受當下。一個簡單的例子，是當我們衝出辦公室去看電影，但當我們坐定，我們卻無法聚焦眼前所發生的事，因為我們牢牢握著的問題，仍在腦海中飛來飛去。
- **不耐煩**。想讓事情發生——例如，一個等不及初吻的戀愛——也會把我們從此刻刪除。一期一會需要我們給我們自己所有不需要期待的經驗。任何發生的事都是我們最佳體驗，因為我們正在經歷。
- **分析**。很多人都同意此種說法，「想快樂嗎？那就不去對任何事進行分析。」當我們試著剖析當下時，我們就已陷入抹滅它的危險境地。為什麼我們非得要探究每件事情的意義呢？想了解我們為什麼有此經歷，會讓我們有立即的快樂，但卻刪除了後續的所有快樂。當下的樂趣無法被定義、解析及了解，它只能被經驗。

當時間靜止

當沉浸在享受的時光時，你是否曾覺得時間不再有意義？就好像我們潛入水中時，惟一的感覺是身體進入另一空間的冰冷中，或像是我們經歷一次吸引我們的活動心流時，會感覺時間幾乎不存在。

被問到時間相對性時，愛因斯坦是這麼解釋：「將你的手放到很燙的火爐上一分鐘，你會覺得有一小時那麼久，不過當你坐在一位漂亮女孩身邊一小時，你卻會覺得時間過得好快，好像只有一分鐘。這就是相對性。」

事實上，一期一會時刻讓我們置身永恒。測量時間毫無意義，因為，如愛因斯坦所解釋的，一個小時可以像是一秒。但儘管如此，對某次經驗的追憶卻能持續一整天，有時候甚至是一輩子。

發生這種情況是因為當我們經歷心流時——我們完全隨著生命流動——我們就走進永恒。不僅僅是時間，連整個世界都不復存在。

到這裡，我們其實已離「明心見性然後開悟」不遠，下面就來談談此主題。

鈴木大拙的悟

禪宗認為，一旦「現在此刻」占據我們整個人（our entire being）時，過去、未來及物質世界全成為幻覺。如果是這樣，我們已然開悟。

這種頓悟狀態（英文翻譯為 momentary enlightenment），有時候它完全出乎意料，是禪宗修行者追求的最終目標：抓住包括宇宙所有美麗和理解的瞬間。

鈴木大拙（大拙，Daisetsu 日文大都寫為大切，此處意指「非常簡單」，是原名鈴木貞次郎的師父釋宗演幫他改名的。）負責將禪宗引進美國，他第一本英文書就是在推展禪宗。

鈴木捨棄佛教其他宗派所重視的象徵、儀式及經書等外在工具，堅持禪宗只需要全神貫注於你的呼吸，不管是在運動中，或面對一個不變的風景，例如一片空白牆壁。

根據鈴木所言，悟道，這個禪宗修行者所追求的頓悟，有以下幾個特徵：

1. 它是非理性的。邏輯思維無法解釋，因為它挑戰所有心智推理。已然開悟者無法用連貫或合理的方式解釋它。

2.它是直覺的。悟道無法解釋，只能存在於當下感應。

3.它是直接的且是個人的。它是發自最深層意識的感知。

4.它是對生活的肯定。這意味著它接受所有存在事物，接受所有出現的事物，而無關道德價值。

5.它給我們一種超越的感覺。當我們悟道時，會體驗到此感知是根源於其他地方。包住一個人個性的軀體，在我們體驗悟道的那一刻就破碎了。隨之而來的感覺是完全解脫、完全靜止，最後到達目的地。

6.它有時很難用人類語言表達。用鈴木的話，「或許禪悟經驗最特殊的地方，是其中沒有人的註記，正如基督教神祕主義經驗中所觀察到的那樣。」

7.昇華的感覺。當突破「成為一個人」的諸多限制後，我們會經驗「我們存有」，而且這感受是無限的。

8.瞬間性。「開悟是很突然的，」鈴木繼續說，「而且它是瞬間性的體驗，事實上，假如它不是突發性、瞬間性，那它就不是開悟。」（此是鈴木大拙《佛教禪宗》（selected writing of D. T. Suzuki, New York : Anchor Books, 1956, P.103-108）

此書的結論。）

開悟和明心見性

「開悟」字面解釋為「了解」，是禪修使用的用詞，指涉「喚醒」或「啟蒙」。另一個指涉啟蒙狀態的日本佛教用語是けんしょろ（kensho）。けん字面上指的是真實的本性，しょろ是直接看到，所以けんしょろ的意思是直接看到自己的本性，這裡我們把它翻譯成明心見性。

很多學者廣泛且密集的討論明心見性和悟道二者的差異。鈴木認為明心見性就是經由一直接渠道，看到你自己本性的一種瞬間經驗，而悟道則是一更深邃且更持久的轉換。

這二種狀態可以透過連結「當下」與「自己本性」的自我意識達成，最後結果不是陷入焦慮之中而是天人合一。

事實上，大部分的人無法成就明心見性及開悟，即使如此，我們仍可藉由練習各式冥想「接近」此境界。

禪修冥想

我們可以在我們的生活中練習不同種類的冥想：禪修、正念及慈心修行等等。我們沒偏好哪一種，事實上我們發現，所有的冥想都有助於讓人更能活在當下。

假如你是新手，那麼找一個最適合讓你感覺最好的來練習。一開始讓前輩師父監督你的身體狀況，或幫助你解決問題是有用的。最終，你就可以將冥思融入到你的生活中，不需要任何外界幫助。

對那些老是感到焦慮的人，則有所謂正念程序可以用來進行冥思，即使一天五分鐘。

下面這些經典禪修冥想，可以在任何地方練習，每天只需二十分鐘，就能看到你的寧靜程度、你掌握當下的能力。

1. 找一個沒人能打擾你的地方坐，你可使用一個冥想用墊子或只是一張椅子，很舒服的坐著，背挺直。

2.全神貫注自鼻孔呼出吸進的空氣，緩慢地專注於這個賦予你生命的過程。

3.你可以藉由以十個為一單位計算你的呼吸來專心一致。而不管什麼時候迷失了方向，或什麼心思將你拉回到過去或投射到未來時，請再重新心算一次。

4.在你沉思時，不要擔心任何形式的想法干擾你，把這些干擾當成是飄過的浮雲。記住前述「你不是你的想法」，不要作判斷讓它們快速通過。

5.如果在冥想過程中，你能讓你的心思在幾秒鐘內沒有任何想法，那麼我們就認為你是成功了。冥想後你會覺得如釋重負，好像睡了一個小時。

6.從冥想過渡到正常活動轉換不要太快。在完成冥想後，回到其他活動前，留些時間伸展和活絡自己的筋骨。

第四章

如果……不知怎樣？

曾帶給我們（作者）思想泉源的一本小說是《魔法師》（The Magus）。此書花了約翰．福爾斯（J. Fowles）二十年時間撰寫。書中尼古拉斯是一位厭倦倫敦生活的年輕人，最後他找了一份脫離都市塵囂的工作——到希臘一偏僻小島擔任英語教師。

在那裡尼古拉斯遇到一位古怪的百萬富翁孔期斯（Conchis）——他有魔法師的稱號——後者把每一次相遇，變成一場夢境和真實存在二者界線模糊不清的遊戲。

當我們讀此小說時，我們二人都認為魔法師被島上沮喪的氣氛所激發，創造了這些古怪的場景，以期突破可預測的極限。

換個說法：「假如你不喜歡真實狀況，那麼創造一個你可以生活的地方吧！」我們二人都被捲入這個建議，它導致我們生活的地方徹底的發生變化，換了好幾個職業，最終我們到了日本沖繩某個偏僻小島從事某項調查工作，但也激發了我們寫了一本書《生活的價值》(The Ikigai)。

神奇的問題

就好像我們給小朋友彩色鉛筆，讓他們在空白紙張上描繪出新世界，成人也可用此方式，創造出一個遠離乏味的不同世界。

每個人都擁有創意肌肉，只是有些人會利用有些人不會。

有些人認為他們不具備創意天分，這是不對的。人類是為了適應發明、學習、轉換及被轉換而生。從出生開始，每個人的生活就是一連串的創作活動。

當我們覺得厭煩或覺得生命火花已然熄滅時，我們可以轉向義大利兒童作家加尼·羅大里(Ganni Rodori)所說的賢者之石(philosophers stone)的神奇問題。

要問的問題(寫一個故事就像寫你的或重塑你的人生劇本一樣)是：

如果……不知會怎樣？

當我們問這個問題時，我們就是打開閘門，通向自我解除封鎖，及進入一充滿一期一會世界的創意流。讓我們看看在三個經常導致人們對人生覺得冷漠的情況下，如何利用這問題的例子：

1. 我對目前的工作感到厭煩已有一陣子了，且不曉得該做什麼。如果我請假幾個月或存夠幾個月生活費，然後去探索其他可能發展不知會怎樣？

2. 我和我的伴侶不斷發生爭執，有時候為避免衝突，我們甚至不交談。如果我玩〈和諧鳥〉電玩那種遊戲，嘗試不要思考或說任何負面的話——無論是抱怨還是互相指責——只要二人互動持續不曉得情況會怎樣？

3. 我有了危機感；我對我的生活不滿意，但我不知為什麼會這樣。如果我讓我自己成為別人，甚至是那些根本不相干的人，在接下來幾個月裡，不曉得會變成什麼狀況？

只要我們將我們的萎靡不振轉換成問「如果……不知會怎樣？」，那麼就是將麻痺變成活力，因為在人生中想想一些創造性的假設，就是通往改變現狀的第一步。

如果……不知會怎樣？在讀了本書後，你對你的生活方式做出了真正的改變嗎？屆時你的生活又會是怎麼一回事呢？

第五章

一期一會公式

本書即將進入尾聲，我們希望能為你提供靈感，以享受諸多對你而言很重要的難忘時刻，一切就由你自己開始吧！

我們由京都一間古老茶室起展開我們的冒險，如禪宗大師一休宗純說的，閱讀由風與雨送出的情書。那年春天的櫻花將協助我們，將各種一期一會情境綜合成公式。

如果我們被茶道儀式感動，後者就會持續雋刻在我們心中，就像瑪亞·安傑洛（Maya Angelou）說的「人們會忘掉你所說的，人們會忘掉你所做的，但人們永不會忘記你是如何教他們感知。」

為了讓這些介紹能被廣泛應用，我們勢必成為自己生活中的儀式大師，賦予每一刻意義，創造能在未來滿足我們懷舊情緒的大小事物。想想史考特·馬修（Scott

Matthew）的歌曲〈讓它美麗，現在〉（Make it beautiful now !）。

好夥伴也是一期一會重要條件，因為沒有生活樂趣（joie de virre）會以其消極態度破壞派對和聚會。假如你有機會選擇，用快樂包圍你自己，激勵那些能夠評價、分享每一刻美麗的人，也激勵那些有能力去傾聽的人。

找能鼓舞人心的地方聚會，因為有些地方能激勵最佳感覺及對談。一杯深情的咖啡，一間喚醒你童年回憶的餐廳，一條擁有另一時代氛圍的寧靜街道，一個用其詩歌及清新空氣撫慰感官的心靈。

你也可以讓你的家，甚至你的工作場所，一間寺廟成就一期一會。愉悅的燈光——或許是夜晚一些蠟燭——誘發積極感覺的圖畫及物件，音樂在你心中敲響正確的和弦……假如你知道如何創造正確的包裝，此時此刻就是你的禮物。

一期一會仰賴我們傾聽、觀看、觸摸及嗅覺的能力，別忘了「品嘗」每一刻也是。一次只能做一件事，將我們的心思和靈魂全投入，就好像這是我們在地球上經驗的最後一件事。

如果我們全心體驗飄落的櫻花花瓣，永恒不請自來。喚醒情感的儀式——即使它只是我們自己——在一鼓勵人心的環境裡配合正確的心境，將會讓我們流轉（flow），而在流轉中，昨天和明天已然不見，而我們會發現時間靜止，就在正在進行的此時此刻，或許我們也已然開悟。

如何實現此情境？將手錶及手機放置一旁，當下是一善嫉的情人，它要求我們全力以赴。

每一不可逆的時刻都是快樂的小綠洲。

而諸多小綠洲聚集在一起造就快樂大海洋。

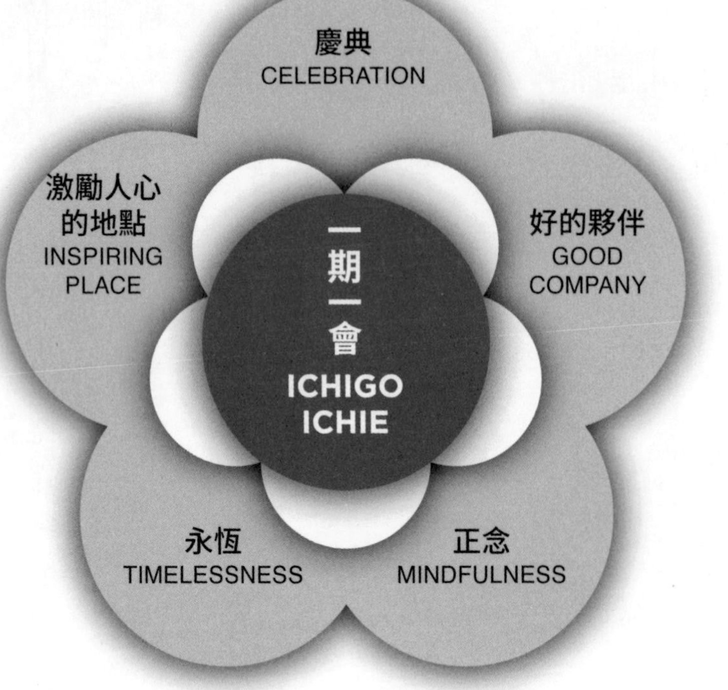
慶典
CELEBRATION
好的夥伴
GOOD COMPANY
正念
MINDFULNESS
永恆
TIMELESSNESS
激勵人心的地點
INSPIRING PLACE
一期一會
ICHIGO ICHIE

結語

一期一會的十個規則

我們將以十個綜合本書哲理的規則，來為我們的聚會儀式作結論。

1. 把握特殊時刻，不要延遲。就像本書開頭那位發現香格里拉大門已開的獵人，每一個時刻只存在一次，如果你不擁抱它，它會永遠消失。生命是一個攸關「時不再來」的課題。

2. 生活，無論何時，把它想像成它在你的生命中只發生一次。五百年前茶道大師的智慧依然，他鼓勵我們以一期一會的心情，去迎接道別心愛的人，讓我們了解每次聚會是獨一無二是一生中千載難逢的。

3. 活在當下。投射在過去或未來通常是痛苦而且幾乎無用。你無法改變已發生的事實，你也不知道將來會發生什麼事，但就在此時此地，所有世界上的「可能性」

一定存在。

4. 做些你以前未曾嘗試的事。愛因斯坦說你不能一遍又一遍做同樣的事，並期待不一樣的結果。另一個實現難忘時刻的方法，就是讓自己埋首沉浸在開花，並讓內心某些新的事開花。

5. 練習禪修。你可以坐在禪修坐墊上，或就只是坐著專心觀注生命的奇蹟。遠離每天匆匆忙忙及一大堆應盡義務，將會為我們打開順當幸福的大門。

6. 將正念應用到你的五種感官中，在傾聽、看、觸摸、嘗及聞之中，自我訓練豐富生活中每一刻的感知力。

7. 注意巧合。認知巧合可幫助我們更好的讀取從各方面傳來的訊息。我們持續不斷記錄日常魔法時刻的一本日記，可增強我們追隨現實中無形線索的能力。

8. 讓每次聚會成為派對。不用特定的環境——度假、旅行或生日——都可經驗非凡時刻，只要心境無淡，每天都可以是慶典時刻。

9. 如果你不喜歡現有的，請做一些不同的事。人類本質是可塑性的，而且有能力盡可能多次自我重塑。假使你的現實生活太過乏味沒有變化，以致無法成就一期一會，那你就得找機會創造另外的一期一會。

10. 成為特殊時刻的獵人。像任何活動一樣，你練習愈多，結果將會愈好愈豐富。

謝謝你與我們走到這一步，這只是開始，當你闔上這本書時，也就是發展另一新人生的開始，有很多難忘的一期一會等著你。

致謝

感謝以下諸人：

- 西西萊諾（John Siciliano），施密特（Ciretcher Schmid）及和我們一樣熱愛這本書的企鵝編輯小組。
- 支援本書撰寫過程的索隆（Anna So'lyom），她也是本書第一位讀者。
- 加斯克（Ana G'azquez）將她研究人類感知的心得與我們分享。
- 倫敦書展期間，貝尼托（Christina Benito）是我們的策展人；我們的「兄弟」帕斯卡（Andre's Pascual）帶給我們很好的點子，並將其諾丁丘公寓提供給我們住宿。
- 懷特（Maria White）、喬路易斯（Joe Lowis）、派翠克寇曼(Patrick Collman)貢獻其才華向全世界推介本書。

- 我們的經紀人桑德拉及貝爾塔（Sandra and Berta Brana）及他們的合作夥伴，將本書帶到世界每一個角落。
- 最後是全世界的讀者，你們的閱讀賦予我們工作意義及動力。

延伸閱讀

- 作者不詳，《平家物語》紐約，企鵝出版，2012
- 保羅・奧斯特（Auster Paul），《紅色筆記：真實故事》紐約，New Directions 出版，1992
- 乙川弘文，《擁抱心靈：乙川弘文的禪談》加州，時光寺禪中心（Los Gatos,CA：Jikoji Zen Center）出版，2016
- 西呂尼克（Cyrulnik Boris），《你的內在力量如何讓你擺脫過去》倫敦，企鵝出版，2009
- 約翰・多恩（Donne John），《英文詩全集》（The complete English Poems）紐約，企鵝出版，2017
- 約翰・福爾斯（Fowles John），《魔法師》（The Magus）波士頓，Little

Brown 出版，2012

- 麥爾坎．葛拉威爾（Malcolm Gladwell），《異數》（Qutliers：The Story of Success）波士頓，Little Brown 出版，2008
- 榮格（Jung Carl），《同步性：非因果聯繫原則》（Synchronicity：An Acausul Connecting Pcinciple）榮格精選集第8冊，普林斯頓大學出版，2010
- 喬．卡巴金（Kabat.Zinn Joe）《完整的災難生活》（Full Catastrophe Living：Using the Wisdom of Your Body and Mind to Face Stress, Pain, and Illness）紐約，藍燈書屋出版，2009
- 岡倉天心，《茶道》紐約，企鵝出版，2016
- 林達爾．凱（Lindahl Kay），《聆聽的神聖藝術：培養精神實踐的四十條反思》（The Sacred Art of Listening: Forty Reflections for Cultivating a Spiritual Practice）納什維爾，Skylight paths 出版，2001
- 勞倫斯（Lorenz Edward Norton），《混沌的本質》(The Essence of Chaos)西雅圖，華盛頓大學出版，1995

- 釋一行，（Nhat Hanh Thich）《正念的奇蹟：冥想練習簡介》（The Miracle of Mindfulness: A Manual on Meditation）波士頓，Beacon Press 出版，1996
- 普魯斯特，《追憶似水年華》紐約，企鵝出版，2002
- 羅大里（Rodari Gianni），《幻想的文法：編故事藝術導論》（The Grammar of Fantasy: An Introduction to the Art of Inventing Stories）紐約，教師與作家合作組織出版，1996
- 鈴木大拙，《佛教禪宗：鈴木大拙作品選》紐約，Doubleday 出版，2018
- 辛巴度（Zimbardo Philip and John Boyd），《時間悖論：改變你生活的新時間心理學》（The Time Paradox：The New Psychology of Time That Will Change Your Life）紐約，Simon & Schuster 出版，2008

一期一會

ICHIGO-ICHIE: El arte japonés de vivir momentos inolvidables

作　　者 埃克特・賈西亞 Héctor García
法蘭塞斯克・米拉萊斯 Francesc Miralles
譯　　者 陳兆偉
封面設計 三人制創
內頁設計 游萬國
主　　編 羅煥耿
總 編 輯 陳毓葳
社　　長 林仁祥
出 版 者 沐光文化股份有限公司
發　　行 沐光文化股份有限公司
台北市大安區安和路 2 段 92 號地下 1 樓
電　　話 (02)2805-2748
E-mail：sunlightculture@gmail.com
印　　製 呈靖彩藝有限公司 電話：(03)322-7195
總 經 銷 大和書報股份有限公司
電話：(02)8990-2588　傳真：(02)2299-7900
地址：新北市五股工業區五工五路 2 號
E-mail：aquarius@udngroup.com
定　　價 330 元
初版一刷 2023 年 6 月

國家圖書館出版品預行編目 (CIP) 資料

一期一會 / 埃克特 . 賈西亞 (Héctor García), 法蘭塞斯克 . 米拉萊斯 (Francesc Miralles) 著 .
-- 初版 . -- 臺北市 : 沐光文化股份有限公司 ,
2023.06
　面； 公分
譯自 : The book of ichigo ichie : the art of making the most of every moment, the japanese way.
ISBN 978-626-97111-2-3(平裝)

1.CST: 幸福 2.CST: 人生哲學
191.9　　112008129